Carmen Alfonso

Tu Escritura, Quien y Como Eres

Grafología

Agradecimiento a mis padres, José y Carmen, sin los cuales no hubiera podido estudiar esta maravillosa ciencia, y a mi mejor amigo y esposo, José, que ha sido el mejor estímulo y motor que he tenido para todo lo relacionado con mi trabajo.

Así como mi sincero agradecimiento a todas las personas cuyas muestras aparecen en este libro (alumnos, pacientes, familiares y amigos)

Tu Escritura, Quien y Cómo Eres

Grafología

Grupo Editorial Tomo, S. A. de C. V.
Nicolás San Juan 1043
03100 México, D. F.

1a. edición, octubre 1998.
2a. edición, marzo 2001.
3a. edición, agosto 2007..

Nicolás San Juan 1043, Col. Del Valle
03100 México, D.F.
Tels. 5575-6615, 5575-8701 y 5575-0186
Fax. 5575-6695
http://www.grupotomo.com.mx
ISBN: 970-666-105-0
Miembro de la Cámara Nacional
de la Industria Editorial No 2961

Diseño de Portada: Trilce Romero
Supervisor de producción: Leonardo Figueroa

Impreso en México - *Printed in Mexico*

Introducción

Definición

La Grafología es el estudio de la personalidad a través de los signos gráficos de la escritura.

Es una manifestación de nuestra forma de ser, y gran parte de lo que somos, sentimos, ocultamos o deseamos, queda plasmado como un sello, como una marca personal.

Es una expresión gráfica de nuestro pensamiento, puesto que el acto de escribir no es otra cosa que el movimiento de una mano regida por el cerebro. La mano es simplemente un instrumento.

Aprendiendo a conocerse, a conocer a los otros, puede uno controlarse mejor, y alcanzar una riqueza de factores de personalidad, de carácter, que desconocidos, son el origen de conflictos e inaptitudes.

La grafología tiene grandes ventajas:

- No se precisa la presencia del sujeto.
- A veces, se puede conocer a una persona en su grafismo, más que por su trato o los test u otros medios de conocimiento humano, ya que en grafismo plas-

mamos en gran medida nuestro subconsciente, sobre todo cuando el grafismo está escrito sin intención de ser analizado, y en los demás medios controlamos más nuestro subconsciente, y sale solamente el consciente.

El tipo de escritura varía a cada instante, bajo la influencia de factores internos y externos:

Factores internos:

- Cerebro: manda las órdenes a la mano, a través del hombro, brazo, muñeca, mano y dedos.
- La vista.
- El flujo nervioso.
- La circulación sanguínea.
- Los cambios hormonales.
- Herencia de rasgos de nuestros antepasados.

Factores externos:

- Relación con la persona que va a leer el escrito.
- Estado de ánimo (alegría, tristeza, emoción, pena, entusiasmo, etc.).
- La postura y situación del escribiente.
- Temperatura.
  - Calor: el tamaño de la escritura es más grande.
  - Frío: nuestro ser se encoge, la escritura también.
- Estado de salud físico o psíquico.
- Ruidos o silencio.
- Influencias del modelo caligráfico.
- Condiciones del grafismo: papel, pluma, tinta, iluminación.

- Nuestra personalidad, gusto personal y deseos.

Todos estos factores hacen variar la escritura en sus aspectos. Sólo el fondo permanece, aunque la edad, la enfermedad y los sentimientos hagan cambiar la letra, por eso no se puede hacer una clasificación rígida.

No hay que formular ningún juicio sin la plena seguridad, ya que ningún rasgo aislado tiene valor. Hay que investigar, contrastar, valorar y agrupar todos los gestos gráficos, y para llegar a conclusiones seguras, deberemos reforzar cada conclusión con sus gestos gráficos correspondientes.

Así, por ejemplo, la extroversión es la suma de veinte gestos diferentes

La Grafología: Historia y Ciencia

En Egipto, la escritura era considerada como algo sagrado. En China se le tributaba un culto especial: los libros sagrados a mano se consideraban como un reflejo de la divinidad.

La primera cita, la hallamos en el siglo XV, en la que se decía que un hombre meticuloso ponía los puntos sobre las íes.

En el año 1622, Camilo Baldo, profesor de filosofía de la Universidad de Bolonia, edita en Capri (Italia) «Trattato come de una lettera misiva si cognoscamos la natura e qualitá dello scrittore»: es el primer libro escrito sobre el tema. La obra de Baldo está repleta de observaciones agudas.

En el siglo XVIII, Lavater, Leibniz y Goethe hicieron atinadas observaciones sobre la relación que existe entre el carácter y la escritura.

En el siglo XIX, el análisis de la escritura se hizo muy popular entre los escritores, artistas, gobernantes, y otras figuras públicas.

Edgar A. Poe, que poseía una colección de autógrafos, analizó algunos de ellos con mucho acierto.

Se dice que Thomas Gainsborough, uno de los más grandes artistas ingleses, conseguía el minucioso parecido de sus retratos con la realidad, teniendo ante sí, mientras pintaba, una muestra de la escritura del modelo. El pintor explicaba que la escritura le ayudaba a captar la misma esencia de la personalidad del retratado.

En 1830, fue el abate Hipólito Michón, quien fundó la Sociedad Grafológica de París y escribió «Los misterios de la grafología». A él le debemos no sólo el nombre de la Grafología, sino también el primer estudio serio y sistematizado de las escrituras. Fue el verdadero padre de la Grafología universal.

El creador de la escuela de París fue Crepeux-Jamín, que partiendo de la base establecida por Michón, ha sido uno de los más destacados creadores de la Grafología actual. Publicó en 1929 «ABC de la Grafología».

El creador de la escuela suiza fue Max Pulver, considerado como uno de los genios más profundos de la Grafología moderna. Fue el primero que introdujo el Psicoanálisis en la Grafología. Su obra «El simbolismo de la escritura» fue publicada en 1931. Pulver se hizo célebre al descubrir que la criminalidad, las enfermedades sexuales y los problemas físicos se reflejan en los rasgos de la escritura.

En Alemania, Klages es el fundador de la escuela grafológica alemana. Klages es el fundador de la escuela grafológica como ciencia, y el que exploró más profundamente el tema. Escribió «La Escritura Manual».

En España, la figura pionera es Matilde Ras. Destaca su obra «Grafología. Las grandes revelaciones de la escritura».

Actualmente Vels es hoy una de las figuras más importantes de este movimiento. Su sistema interpretativo posee sólidas bases objetivas y métricas.

Mauricio Xandró, discípulo de Augusto Vels y Matilde Ras, profundiza en todas las corrientes universales, y finalmente estructura su método de los reforzantes, agrupando las investigaciones propias y las de todas las escuelas y métodos.

La Grafología se enseña en las grandes universidades europeas, incluso en la Universidad Complutense de Madrid.

En los EE.UU. todos los ministerios tienen su gabinete grafológico.

Se trata de una ciencia que no tiene nada que ver con las ciencias ocultas, pretende determinar características de la personalidad de un sujeto desde un punto de vista psicológico, sin predecir ni adivinar.

Las deducciones, basadas en un análisis grafológico, tienen una base científica, ya que está controlada estadísticamente.

Los tests permiten medir más racionalmente los grados de edad mental, el desarrollo intelectual y las aptitudes psicomotoras, pero son menos eficaces para revelar las disposiciones de carácter.

Aplicaciones de la Grafología

Es de gran utilidad siempre que se quiera profundizar en el hombre, para orientarle en sus problemas inmediatos e íntimos:

matrimonio, vocación, carrera o profesión.

En la investigación histórica: con una escritura espontánea —cuanta más documentación mejor— se vuelve a ver al autor de ella con toda integridad física y psíquica.

Los biógrafos harán bien en estudiar Grafología o consultar a un grafólogo que les describe esa parte viva que se encuentra en las líneas escritas, y que puede ser una respuesta a muchas incógnitas.

En Peritación Caligráfica, Medicina Legal, Testamentos Olográficos, Criminología: Un acta de cesión de partes pudo ser impugnada al comprobarse que la firma había sido conseguida bajo la amenaza de un arma de fuego. La veracidad de la coacción invocada resultó evidente para el grafólogo, ya que la escritura normal del «vendedor» no revelaba ninguna de las señales de emotividad, angustia e inestabilidad, que se hacían en cambio patentes en el documento impugnado.

Las grandes empresas: utilizan la Grafología en Selección de Personal.

Cierto número de empresas han creado secciones psicotécnicas en sus servicios de contratación, a las que solicitan el máximo de informes posibles acerca del futuro empleado. En este caso, el análisis temperamental y caracterológico se apoyará también en los resultados obtenidos por la Grafología.

El grafólogo dará las nociones exactas sobre el aprovechamiento del espacio y el tiempo, la tenacidad, la vitalidad, la agresividad, los dotes de mando, etc.

Además, no hace falta la presencia del sujeto para realizar el informe, lo que supone una gran ventaja y comodidad.

En Medicina: La Grafología es de gran utilidad, no sólo para el estudio de los pacientes, sino también para seguir el curso del enfermo durante los tratamientos, especialmente después de las operaciones quirúrgicas, comprobando los cambios de la evolución curativa.

Todos hemos podido observar alteraciones importantes en nuestra propia escritura cuando el estado de salud presenta anomalías, tanto físicas como mentales.

Las enfermedades físicas que se pueden observar son:

- Enfermedades pulmonares.
- Hipertiroidismo, hipotiroidismo.
- Enfermedades cardiovasculares.
- Parkinson.
- Corea.
- Esclerosis múltiple.
- Análisis general progresiva.
- Enfermedades renales.
- Enfermedades digestivas.
- Enfermedades sexuales.

Las enfermedades mentales que se pueden observar son:

- Neurosis.

- Obsesiones.
- Histeria.
- Sadismo.
- Masoquismo.
- Suicidio.
- Depresión.
- Psicosis maníaco depresiva.
- Neurastenia.
- Paranoia.
- Esquizofrenia.
- Epilepsia.
- Alcoholismo.

En el campo de la Grafoterapia: que tiene la finalidad de corregir los defectos de carácter: mediante la reeducación de los signos gráficos, se pueden corregir estados psíquicos desviados.

El gesto gráfico, repetido de forma habitual y disciplinada, influye sobre el psiquismo:

- Corrige la timidez y los complejos de inferioridad.
- Corrige los estados de angustia, depresión, ansiedad.
- Corrige la voluntad inestable, débil.

Si la escritura sigue fielmente el desarrollo del carácter, ¿por qué no seguirá éste a la escritura en el caso de que sea ella la que represente la fuerza motriz? La cosa es posible, en efecto, y ha podido experimentarse varias veces de manera científica.

Son necesarias dos condiciones esenciales. Primera, que el sujeto esté convencido de la posibilidad de triunfo, y por ello, del valor de la Grafología. Será luego preciso que tenga la voluntad necesaria para seguir el tratamiento.

Ejemplos:

- Si la persona es nerviosa e inquieta, su escritura será rápida y precipitada. Se observarán irregularidades en todo el texto en cuanto a tamaño, forma, inclinación: que escriba más despacio, con letra redondeada, y escritura centrada.
- Si la persona es tímida, el tamaño de su escritura será pequeño, los espacios entre palabras, líneas y letras serán reducidos, y no hará margen izquierdo: que el tamaño de la letra lo haga grande, que deje el margen izquierdo amplio, y que su escritura sea más espaciada.
- Un sujeto duro, seco e inflexible consigo mismo y con los demás tiene una escritura rígida y angulosa. La dulcificación voluntaria de los ángulos, sustituyéndolos por curvas, y el abandono parcial de la rigidez en las líneas, conducirán simultáneamente a la dulcificación de su comportamiento. Sus contactos con los demás serán más sociables

También se utiliza en **Orientación Vocacional**: es una información sobre las aptitudes, capacidades y tendencias que tiene un joven en el inicio de su desarrollo intelectual.

La orientación vocacional es necesaria en una sociedad que tiende a usar las capacidades personales para un aprovechamiento mejor de las aptitudes innatas de cada individuo, para conseguir una mejor competitividad social, a la vez que evitar a las personas que plantean un problema social.

Se trata de sacar a la vista las aptitudes acordes con la personalidad, tanto si son manuales o artísticas, como intelectuales. La orientación evita un enfoque erróneo de sus tendencias, apetencias o fantasías.

Cuantas más aptitudes innatas podamos descubrir y desarrollar por la educación, mayor será la evolución de la personalidad del joven.

¿Se puede determinar el sexo y la edad en la escritura?

Sobre el sexo, la escritura puede proporcionarnos indicaciones, pero sólo indicaciones, ya que en cada ser humano encontramos rasgos femeninos y masculinos.

Señales de la escritura femenina:

- Mayúsculas ornamentadas (signo de coquetería).
- Letra redondeada.
- Escritura adornada.
- Menor presión.

La escritura del hombre es más sobria, sencilla y presionada.

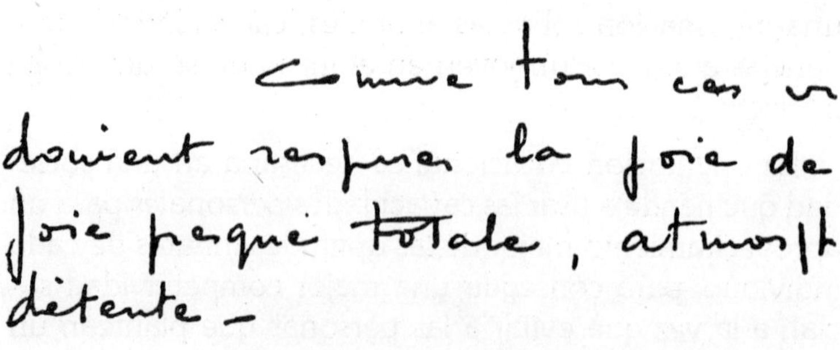

Escritura de una mujer viril

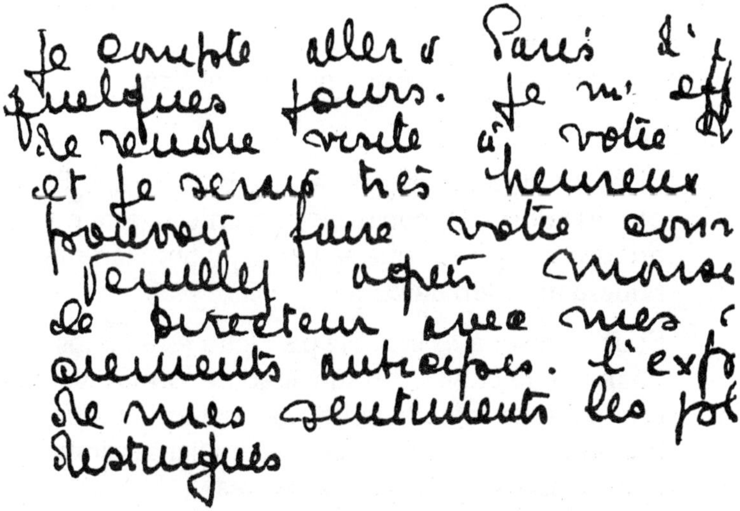

Escritura de un hombre afeminado

La edad no puede ser descubierta con certeza, se detecta más fácilmente el grado de madurez y la edad mental que la edad física

¿Puede saberse si dos personas son compatibles a través de un estudio grafológico?

De hecho, se utiliza en algunas agencias matrimoniales.

La Grafología, que es una ciencia que nos dice todo lo relacionado con nuestra personalidad, tanto consciente como inconsciente, es un método tremendamente eficaz a la hora de conocernos a nosotros mismos y a los demás.

Se trata de buscar una compaginación, tanto física como espiritual que los caracteres sean complementarios, por lo tanto, la escritura será complementaria. Se intentan buscar los rasgos positivos que no tiene el otro.

Ejemplos:

- Si la escritura de uno es sencilla y austera, y la del otro es adornada, con rasgos superfluos, ésta puede aportar a la otra el que se valore, y también mayor riqueza representativa.
- Si una persona es irritable y su letra es angulosa, le irá una letra curva, con suavidad de formas, ya que esta persona se caracteriza por un trato agradable, bondad, dulzura, adaptación al ambiente, simpatía, naturalidad, evita roces y asperezas.

En cambio, la escritura angulosa (predominan los ángulos), indica energía, decisión, dotes de mando, y tendencia a imponer los propios criterios.

El Análisis Grafológico

Antes de empezar un estudio, tenemos que comprobar que los escritos que tenemos para analizar son idóneos.

Una mala pluma, una mala tinta, una postura incómoda, un estado anormal de fatiga, depresión o excitación, pueden deformar el grafismo habitual.

Hay que rechazar todo escrito que el sujeto haya realizado pensando que será examinado grafológicamente.

El mejor documento para hacer un buen estudio grafológico es el más espontáneo y el que ofrece mayor número de elementos gráficos. El más interesante es una carta íntima, ya que posee elementos importantes como:

- Fecha y encabezamiento.
- Saludo.
- Despedida.
- Firma y rúbrica.

Los datos necesarios para completar un informe son:

- Edad, sexo.
- Estado de salud.
- Profesión y estado civil.
- Ambiente social del sujeto y de su familia.
- Historial escolar y profesional.
- Aficiones al márgen de su profesión.
- Objeto del análisis (selección de un cargo, orientación profesional estudio de complementación de caracteres, etc.).

Si un análisis se realiza para cubrir un puesto de trabajo, es necesario tener una descripción de las funciones que debe desarrollar en el puesto requerido, y del ambiente en que debe desenvolverse el carácter del jefe, para tener en cuenta la complementación de caracteres, y la psicología del equipo del cual ha de formar parte.

Los apuntes ofrecen naturalidad y espontaneidad, pero carecen de los elementos anteriormente citados.

Si sólo podemos conseguir un sólo documento, que sea una carta manuscrita.

Pero lo mejor para hacer un análisis grafológico, es poseer muestras de varias épocas, ya que nos ofrece la oportunidad de analizar a la persona a través del tiempo, observando la evolución de su personalidad, y contrastándola con la última carta, la más reciente, que reflejará a la persona en el momento presente.

En un consultorio, para alguna revista, se solicitan quince líneas de texto espontáneo, en forma de carta, con firma.

Los Movimientos Grafológicos

La Escuela Mímica

Michón y los primeros grafólogos del mundo, se basaron en la mímica.

El hombre es un ser gesticulante, que da fuerza, relieve y color a lo que dice, con el añadido de los gestos.

Los grandes grupos de gestos son: tamaño, forma, presión dirección, velocidad, continuidad y orden.

Por lo tanto, la escritura y el gesto humano guardan una gran interrelación.

Así, por ejemplo, la anchura de las letras y las palabras en sentido horizontal, reflejan la seguridad que tiene uno en sí mismo, en su manifestación social o profesional.

- Si la escritura se encoge, es un gesto protector de inseguridad.
- El movimiento hacia arriba es un gesto de euforia, alegría, optimismo, y de actividad febril.

- Por el contrario, cuando las líneas caen hacia abajo, son características de cansancio, tristeza, pesimismo y enfermedad.
- Los gestos de tamaño grande revelan exuberancia de movimientos, vitalidad, fuerza, extroversión.
- Los de tamaño pequeño, introversión, minucia, detallismo.
- Por la forma de la curva, que refleja gracia, arte, dulzura, y el ángulo que refleja fuerza, firmeza, dureza.

Después, el grafólogo, tendrá que interpretar de forma general todos estos gestos, que aisladamente, pueden ser motivo de contradicciones.

La Escuela Emocional

Nace en Alemania con Schermann

La Grafología emocional penetra en el Subconsciente del sujeto.

Las emociones condicionan la escritura. Si escribiésemos el nombre de una persona que nos gusta, todo nuestro amor, ternura y afecto, se lo demostramos de una forma subconsciente con letra clara, legible cuidada.

Cuando una persona nos resulta indiferente, antipática o molesta nuestra escritura será menos cuidada, ilegible, y de menor tamaño.

Hay palabras que gusta escribir, y algunas otras que nos resultan muy desagradables, hay palabras que nos son indispensables y otras inútiles. Tratamos con esmero las palabras que nos agradan y por ello están abultadas, sobrevaloradas, puestas de relieve. Por el contrario, las que crean en nosotros una impresión desagradable, están encogidas replegadas, disminuidas.

Esta observación se aplica principalmente a los documentos espontáneos, tales como la carta a un íntimo, un borrador, mientras que los textos neutros son más herméticos, y por lo tanto, más indescifrables

La Escuela Simbólica

Nace en Suiza, con Max Pulver.

Al escribir, en los trazados occidentales, vamos de izquierda a derecha.

Establece cinco zonas:

1 - **Zona izquierda del escrito o rasgo inicial**: representa el pasado, la familia, el ayer, la tradición, madre, indecisión, retroceso, nostalgia, recuerdos.

2 - **Zona derecha del escrito o rasgo final**: representa el porvenir, mañana, el futuro. Es un movimiento hacia el exterior, hacia los demás, acometividad, impulsividad, avance, proyectos, realizaciones.

3 - **Zona superior de la página, o zona alta de la letra**: representa la espiritualidad, bondad, ideales, cielo, luz, sublime.

4 - **Zona baja del papel y de la letra**: abismo, oscuridad, noche, instintos, materialismo, intereses, decadencia.

5 - **Zona central**: presente, estabilidad, equilibrio.

La letra

Una letra es un acto aislado, pero presenta ciertas bases fundamentales:

- La inicial: el comienzo de la letra.
- La final: donde la letra termina.
- El cuerpo: parte central de la letra.
- La cresta: parte superior de la letra.
- El pie: parte inferior de la letra.

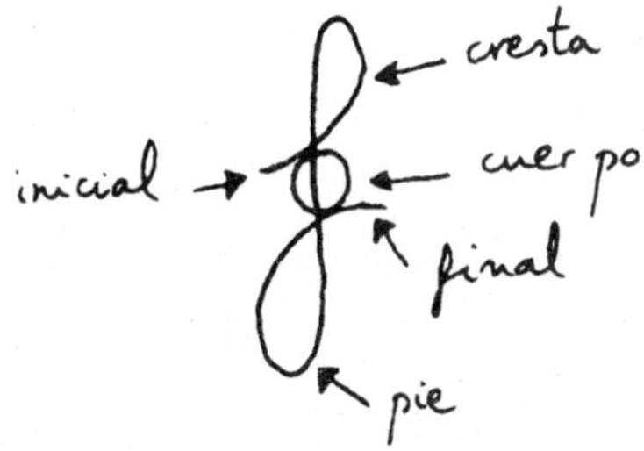

1 - **La Inicial**: esfera reflexiva, pasiva, íntima, pertenece al mundo de las necesidades, aspiraciones y deseos del sujeto. Representa el pasado, familia, indecisión.

- Cuanto más corta es la inicial: la decisión es más breve.
- Cuanto más larga es la inicial: el escritor emplea más tiempo en ponerse a actuar.

- Si aparecen ganchos (toman un camino desviado): nos indican bloqueos de la voluntad, duda, vacilación, escrúpulo, inferioridad, tristeza, contradicción. También pueden indicar un movimiento receloso, falta de generosidad.
- Los ganchos dirigidos hacia arriba: tienen móviles intelectuales: desconfianza, celos, envidia, ironía.
- Los ganchos dirigidos hacia abajo: tienen un móvil material: codicia, rapacidad, acaparamiento, tendencia al robo.

2 - **La Final**: refleja la expansión del sujeto en el mundo exterior la forma de tener contacto con la vida, el ambiente y los demás.

Es la esfera del futuro y de las ambiciones realizadoras.

Es automática, y esto nos da un acceso al subconsciente de la persona. Es un gesto inútil.

- Si es larga: hay poco control, entusiasmo, impulsividad, futuro, avance, movimiento hacia el otro.
- Si es corta: hay voluntad de control, autodominio, espíritus críticos y observadores.
- Si va dirigida hacia arriba: va hacia la espiritualidad.
- Si se dirige hacia abajo: obstinación, resistencia, adquisividad se implanta en la materia.

Los ganchos:

- Dirigidos hacia arriba: tristeza, ironía, duda, decepción, envidia, crítica, escepticismo.
- Dirigidos hacia abajo: adquisividad, robo, rapacidad, egoísmo, acaparamiento.

3 - **El Cuerpo**: representa el acto esencial, la personalidad, el contacto con la vida, realismo, esfera emotivo-sentimental, de la vida consciente. Refleja el comportamiento social y la adaptación a la realidad.

- Si el cuerpo de la letra es muy pequeño: timidez, rapidez de pensamiento o disimulo.

Ejemplo: escritura pequeña

- Si el cuerpo de la letra es grande: necesidad de exaltación y de expansión, vanidad, lentitud de pensamiento, indiscreción.

Ejemplo: escritura grande

- Si el cuerpo está dirigido hacia la derecha: dextrógira, necesidad de intercambio y de comunicación, movimiento altruista, protección, entusiasmo, generosidad, sacrificio.

Ejemplo: dextrógira

- Si el cuerpo está dirigido hacia la izquierda: repliegue de desconfianza, retiro, temor, egoísmo, aislamiento, o prudencia.

Ejemplo: sinistrógira

- Si el cuerpo es recto, rígido: rectitud, potencia del trabajo, frío, aislado, desconfiado.

Ejemplo: recto

4 - **La Cresta**: se relaciona con el pensamiento, la imaginación, el espíritu, la poesía, espiritualidad, intereses intelectuales.

Se corresponde con el acto respiratorio:

- Ascenso: inspiración.
- Descenso: espiración

- Cuando presenta rupturas en lo alto de la cresta: son reveladoras de anomalías respiratorias.

Ejemplo: 

- Las torsiones: en la pubertad son normales, pero si se encuentran en los adultos, representan anomalías glandulares.

Ejemplo: 

- La expansión de las crestas: imaginación.

Ejemplo: 

- El estrechamiento de las crestas: falta de imaginación, falta de entusiasmo.

Ejemplo: 

5 - **El Pie:** va hacia la materia, la tierra, sensualidad, ascendencia materna, intereses materiales y prácticos. Refleja el comportamiento sexual del sujeto.

Fig. 1 -Si el pié es dilatado y alargado: corresponde a una sensualidad anormal y arrolladora.

Fig. 2 -Si es redondeada: importancia de la sensualidad.

Fig. 3 -Si es estrecha: censura moral que hace desistir, realización rechazada, restricción, represión.

Fig. 4 -Si es incompleta: no hay realización, deseo insatisfecho.

Ejemplo:

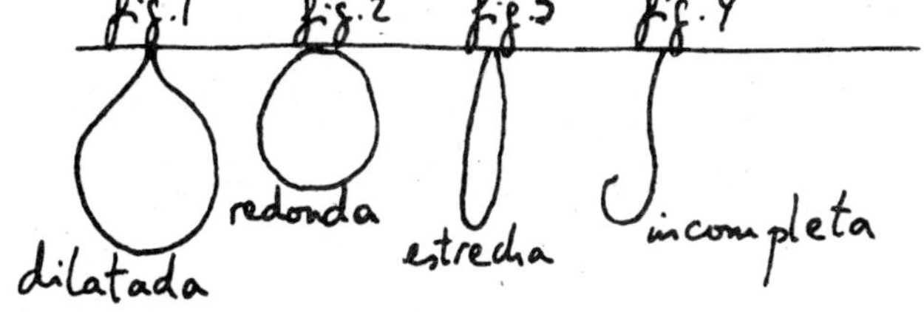

Orden o visión de conjunto

Distribución Clara

Entre líneas, letras, y palabras, y de los espacios blancos.

- Claridad de espíritu (de ideas, de pensamientos y de sentimientos).
- Predominio de la razón sobre la imaginación.
- Sentido de la organización, facultades pedagógicas.
- Lealtad, honestidad, equilibrio.
- Simpatía, sencillez y repugnancia por todo lo complicado y sucio en el orden moral y afectivo.
- Cortesía, gentileza.
- Rectitud, convencionalismo.
- Si la escritura es irregular y rápida (temperamento nervioso) indica sensibilidad para captar las cosas sin necesidad de reflexión juicio rápido e intuitivo.

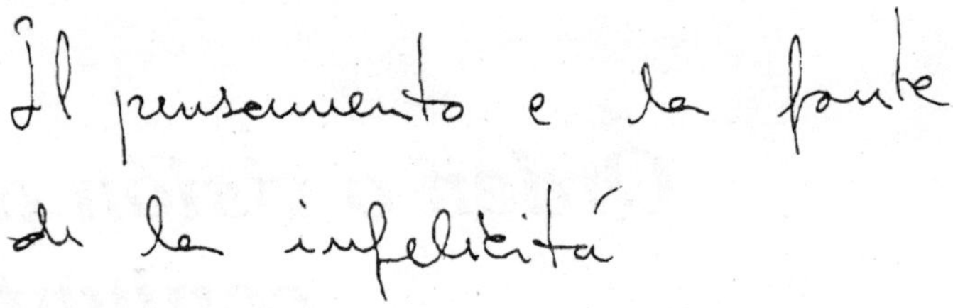

Distribución Confusa

Defectuosa distribución de los espacios. Ciertas letras se entrecruzan con las letras de al lado, o con las letras de las líneas de arriba o de abajo.

El texto aparece embrollado.

- Se mezclan las esferas intelectual, emocional e instintiva.
- Defectuosa visión de las cosas por falta de claridad y de precisión en los juicios (la imaginación deforma la realidad).
- Confusión mental.
- Ingenuo, impulsivo, crédulo, sugestionable.
- Predominio de las tendencias inconscientes sobre la vida; consciente.
- Vida interior poco madura e insuficiente.
- Conflictos interiores.
- Falta de pudor y de recato (si las crestas y pies se entrecruzan).

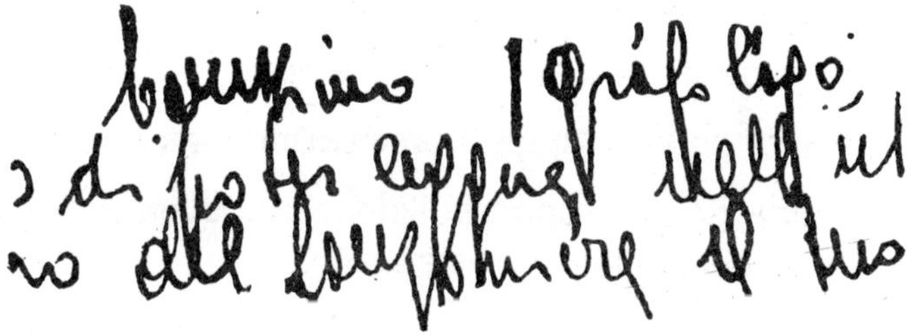

Legible

- Inteligencia, cultura.
- Cortesía hacia la persona que va a leer el escrito.
- Quien escribe claro, es enemigo de las intrigas y de lo complicado.
- Suelen ser personas sinceras.

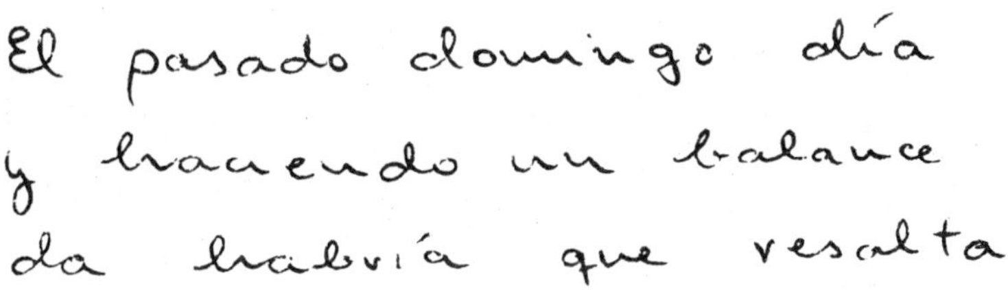

Ilegible

- Agitación, nerviosismo, actividad febril, desorden.
- Gusto por intrigar, por sorprender, y por hacer dudar.
- Indiferencia hacia la persona que va a leer el escrito.
- Disimulo de las propias intenciones.

- Descortesía, mala educación.
- Falta de sentido de la organización.
- Mayor riqueza representativa al inventar palabras.
- Huida de las responsabilidades y obligaciones por inestabilidad fatiga o astenia.

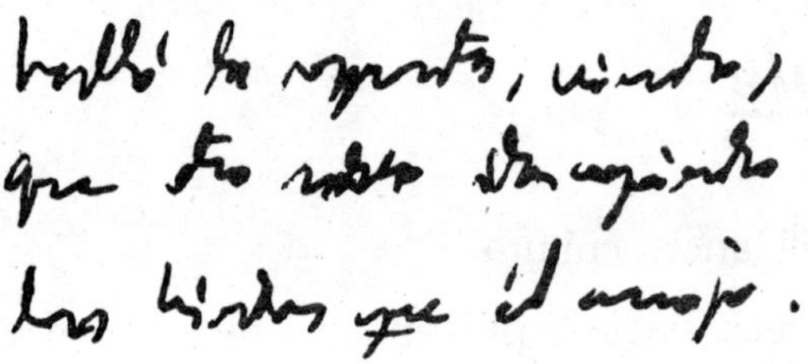

Márgenes. Puntos y aparte. Blancos

Margen Equilibrado

Suelen ser personas fieles - fig. 1

Margen Superior

Simboliza la distancia que se establece.

1 - **Ausencia de margen** (si ocupa menos del 10%) - fig. 2

- Si la persona es de confianza: excesivo acercamiento, persona sociable, confiada, carácter familiar.
- Si la persona es desconocida: tacañería, agresividad, mal gusto, personas pegajosas e impertinentes.

2 - **Margen normal** (entre 10-15%) - fig. 3

- Personas equilibradas, buen dominio de sí mismas.

3 - **Margen grande** (15-25%) - fig. 4

- Si la persona es de confianza, o va dirigido a una persona querida: temor, frialdad, timidez, introversión.
- Si es una persona desconocida: relación correcta, cultura, diplomacia, educación, distinción.

4 - **Margen muy grande** (más del 25%) - fig. 5

- Carácter aislado, timidez, introversión, extravagancia.

Margen Izquierdo

Nos indica la sociabilidad, orden, ahorro, sentido estético.

1 - **Margen izquierdo ausente** - fig. 6

- Sociabilidad: introversión, timidez, aislamiento, cobardía.
- Ahorro: tacañería, avaricia, sobre todo en escritura concentrada y apretada.
- Orden: personas que aprovechan más su espacio y su tiempo.
- Gusto estético: nulo, simplicidad absoluta.

2 - **Margen izquierdo pequeño** (menos del 10%) - fig. 7

- Sociabilidad: introversión, aislamiento, no por cobardía, sino por falta de decisión.
- Ahorro: ahorrativo.
- Orden: aprovecha su espacio y su tiempo.
- Gusto estético: poco.

3 - **Margen izquierdo normal** (10-15%) - fig. 8

- Equilibrio en todo, control, autodominio.

4 - **Margen izquierdo grande** (15-25%) - fig. 9

- Sociabilidad: extroversión, sociabilidad, avance, acometividad, decisión, iniciativa.

- Ahorro: generosidad.
- Orden: miden mal su tiempo y su actividad.
- Gusto estético: agradable, bueno.

5 - **Margen izquierdo muy grande** (más del 25%) - fig. 10

- Sociabilidad: necesidad compulsiva de comunicarse (esto es debido a una falta de seguridad y cariño), sentimiento de inferioridad, hiperactividad, exhibicionismo, ausencia de prejuicios.
- Ahorro: despilfarro, falta de economía, prodigalidad.
- Orden: miden mal el tiempo.
- Gusto estético: bueno.

6 - **Margen izquierdo se ensancha** - fig. 11

- Sociabilidad extroversión, iniciativa, decisión, avance.

La primera parte del escrito es consciente, y la segunda mitad, a medida que avanza es inconsciente, somos más nosotros mismos. Persona que conscientemente es cauta en sus relaciones, pero a medida que toma confianza, se muestra más abierto, sale su verdadera forma de ser. Suele ser feliz.

Entusiasmo e iniciativa natural que la persona suele ocultar por prudencia.

Independencia: tendencia inconsciente a huir de la tutela de los padres.

7 - **Margen izquierdo se estrecha** - fig. 12

- Sociabilidad: deseo consciente de apertura, pero su naturaleza le hace retraerse, ya que es introvertido e inhibido. Persona depresiva, fatiga, astenia, falta de confianza, pesimismo.

Fijación del pasado infantil: apego inconsciente a la madre.

8 - **Margen izquierdo regular**: la distancia del borde y del inicio de cada página es más o menos igual - fig. 13

- Sociabilidad: equilibrio, control, autodominio.
- Orden: deseo consciente de orden.
- Gusto estético: buen gusto.

9 - **Margen izquierdo irregular** - fig. 14

- Sociabilidad: inestabilidad, desequilibrio, inadaptación, variabilidad, indiferencia, fácil de dominar y de convencer, ambivalencia afectiva.
- Orden: desorden, descontrol, falta de disciplina.
- Ahorro: puede ser ahorrador o derrochador, ya que tiene actitudes contradictorias.
- Gusto estético: feo, desagradable.

Márgen Derecho

Simboliza, decisión, avance, movimiento hacia el futuro, energía.

1 - **Margen derecho ausente** - fig. 15

Impulsividad, huida del pasado (si el margen izquierdo es grande) iniciativa, agresividad, extroversión, necesidad compulsiva de movimiento, falta de control y freno.

2 - **Margen derecho grande** - fig. 16

Temor al futuro, al avance, al porvenir (tanto más cuanto más pequeño sea el margen izquierdo), falta de confianza, lentitud, falta de vitalidad, sentimiento de soledad y de desamparo Necesidad inconsciente del apego a la madre.

3 - **Margen derecho irregular en exceso** - fig. 17

Falta de control, lucha entre introversión y extroversión, entre actividad y apatía, entre generosidad y ahorro.

Dudas, incertidumbre, inestabilidad psíquica. Problemas de distribución del espacio y del tiempo.

No saben tomar una actitud firme con respecto a las cosas y a los demás.

4 - **Margen izquierdo regular** - fig. 18

Control excesivo, atención, método, carente de espontaneidad culto al perfeccionismo, se exige mucho a así mismo y es intolerante con los demás.

Margen Inferior

Tiene que ver con el dominio que tiene la persona de sí misma, disciplina, saber detenerse a tiempo.

Solo se interpreta cuando el escrito continua en la otra página y en cartas, nunca en apuntes.

1 - **Margen inferior ausente** - fig. 19 (no cabe en una línea)

Falta de control y dominio, acaloramiento, actividad febril, hiperactividad.

2 - **Margen inferior grande** - fig. 20 (cabe más de una línea)

Control, dominio de sí mismo.

Márgenes Rellenos de Texto - fig. 21

Falta de distribución de tiempo, dinero y actividad, necesidad de hablar, sociabilidad.

- Si va dirigida a una persona que no es de confianza: falta de respeto y de educación, impertinencia, desorden, tacañería.

Encuadre de Márgenes Como en los Libros - fig. 22

Originalidad, gusto por distinguirse, deseo de mantener a los otros a distancia.

- Si la escritura es espaciada: gusto poético, sentimiento estético, finura en los modales.

Punto y Aparte

1 - **Puntos y aparte alineados** - fig. 23

Persona consciente, rompe la monotonía, hace la escritura menos cargante, control, orden, personas que desean hacer las cosas bien, deseos de claridad, autoexigencia, voluntad.

Estas personas son puntuales, cultas, respeto hacia los demás.

2 - **Puntos aparte desordenados** - fig. 24

Indisciplina, desorden, despreocupación, problemas de distribución en el tiempo, problemas psíquicos, inestabilidad, variabilidad de ideas. Son susceptibles, impresionables, emotivos.

Blancos

Espacios en blanco en el interior del texto. Son inconscientes.

1 - **Cuchillos, pasillos, chimeneas** - fig. 25

Hileras de espacios. Si son tres o cuatro espacios no es interpretativo porque se puede deber al azar. Pueden ir torcidos. Señal de angustia, ahogo, inseguridad, falta de confianza, sufrimiento.

2 - **Bolsas** - fig. 26

Espacios blancos grandes dentro del papel. Es más grave que los pasillos.

- Si aparecen en el margen derecho (fantasmas): esa angustia se refiere al porvenir. Barrera en el movimiento de avance. Puede haber neurosis.

-1-

-2-

-3-

-4-

-5-

-6-

-7-

-8-

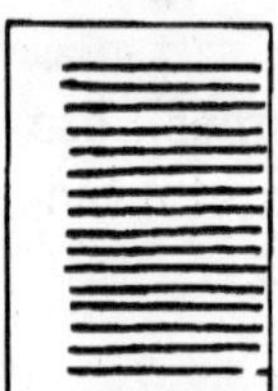

-9-

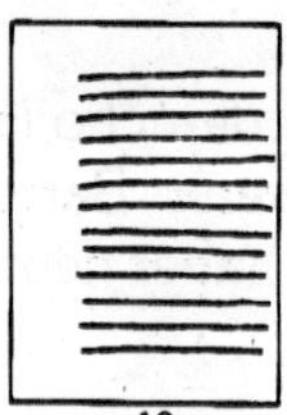

-10-

-11-

-12-

-13-

-14-

-15-

-16-

-17-

-18-

-19-

-20-

-21-

-22-

-23-

-24-

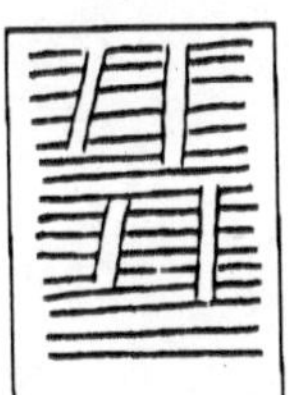
-25-

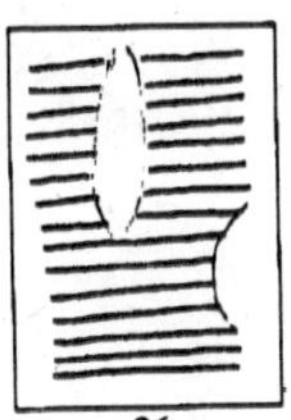
-26-

Tamaño de las letras

Nos indican el nivel expansivo, el impulso vital y el sentimiento de sí mismo.

- La altura de las letras (especialmente en la firma): importancia personal, ambición, valor que se concede a sí mismo.
- La anchura de las letras: nos indican el grado de libertad espontaneidad en la expansión de las tendencias personales.

Tamaño Normal

El óvalo mide entre 2,5 y 3,5 mm.

Los pies y crestas miden entre 5 y 7,5 mm.

- Capacidad de adaptación.
- Espíritu emprendedor, pero centrado.
- Habilidad motriz.
- Claridad de espíritu.
- Armonía, equilibrio.

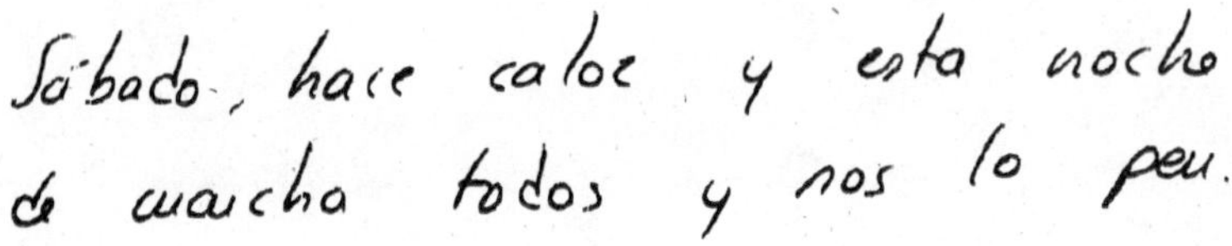

Tamaño Grande

Los óvalos miden más de 3,5 mm, hasta 4,5 mm.

A veces se produce por emociones positivas, como alegría y euforia, o por el calor, falta de luz, o por la relación positiva de la persona que va a leer el escrito.

- Extroversión expansión, seguridad.
- Vitalidad, fuerza, dinamismo.
- Generosidad.
- Forma de destacarse, orgullo: confianza en sí mismo, autoestima.
- Independencia personal.
- Visión global de las cosas (abarca más, pero aprieta menos).
- Sentido de lo majestuoso, gusto por la comodidad y el lujo.
- Abierto al exterior, hacia lo nuevo, curiosidad.
- Optimismo.
- La creatividad se refuerza.
- Bondad, nobleza, franqueza, sinceridad, transparencia, ingenuidad.
- En ocasiones, la letra grande es una compensación del sentimiento de inferioridad.

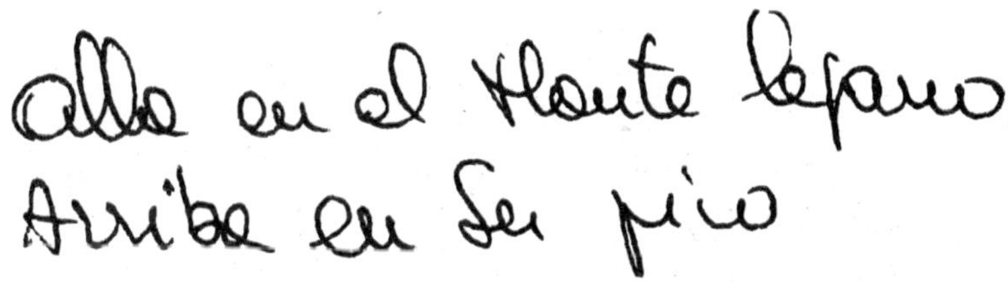

Tamaño Muy Grande

Las características anteriores están negativizadas o exageradas:

- La bondad se convierte en estupidez.
- La confianza en sí mismo se convierte en orgullo despectivo, en ganas de llamar la atención
- Ambición desmedida
- Extravagancia, orgullo de grandeza.
- Actitud dictatorial: altanería, despotismo, autoritarismo.
- Falta de respeto.
- Falta de adaptación a la vida ajena.
- Exigencias insaciables.

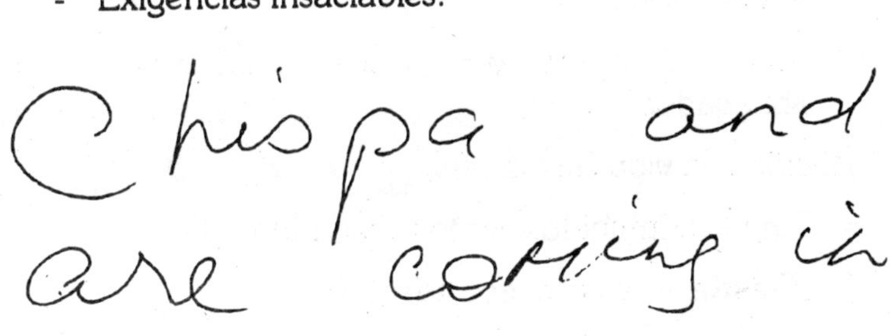

Tamaño Pequeño

El óvalo mide menos de 2,5 mm.

- A veces se condiciona por el frío, velocidad, depresión o miopía.
- Puede ser señal de madurez (el niño la hace grande, y a medida que crece, la hace más pequeña).

Interpretación:

1 - **Desde el plano intelectual**.

- Domina la razón al sentimiento.
- Visión parcial de las cosas, se fijan más en el detalle.
- Espíritus críticos, objetivos, lo filtran todo a través de la razón.
- Les van más los trabajos de investigación y de laboratorio, ya que poseen agudeza de observación (observan más que actúan).
- Irresolución a la hora de tomar decisiones.

2 - **Desde el plano social**.

- Son introvertidos, huyen de la sociedad.
- Tienen una vida interior rica, tratan los temas con profundidad, concentración de la energía, tendencia a la economía del esfuerzo.
- Son sencillos, prudentes, disciplinados, modestos y abnegados.

Afición a la vida casera.

- Tímidos, inhibidos, les falta seguridad.

3 - **Desde el plano económico**

- Tacañería, que se refuerza en los márgenes.

- Margen pequeño: mezquindad.
- Margen grande: dispersión de ideas.

Escritura Uniforme-irregular

1 - **Tamaño Uniforme**

Todas las letras tienen más o menos el mismo tamaño, contando el tamaño de los pies y las crestas.

- Equilibrio, orden, constancia, perseverancia, frialdad.
- Sometimiento de las tendencias naturales a principios y reglas de conducta.
- Consagración al trabajo, a los deberes y obligaciones.
- Puntualidad, exactitud, actividad metódica y sentido de la disciplina.
- Prudencia, reflexión, serenidad, caracteres comedidos, sin altibajos (estabilidad en la conducta).
- Fidelidad, sinceridad.

- Si es excesiva (como hecha en plantilla), se negativiza todo lo anterior:

- Amaneramiento, rutina, hermetismo, rigidez mental.
- Tendencia a pensar mal de los demás y a ver en los otros cosas que sólo están en el inconsciente del sujeto (proyección de pecados, de culpas, de responsabilidades, complejos ...).
- Poca fantasía, pobreza representativa.
- Pasividad, lentitud.

- Posibles faltas de integración en el ambiente.
- Si el grafismo acusa un nivel bajo:
- Sequedad e intransigencia.
- Dureza de sentimientos.

En general, el tamaño uniforme revela el predominio de la voluntad sobre la esfera afectiva e instintiva.

2 - **Tamaño irregular**.

Las letras no tienen el mismo tamaño. Es más fácil en letras grandes.

Interpretación contraria a la anterior:

- Persona espontanea, natural y abierta.
- Desequilibrio, nerviosismo, inestabilidad, ansiedad.
- Creatividad, originalidad, excentricidad.
- Poco realista.
- Susceptible, manejable, se acomodan con facilidad (por falta de criterio).

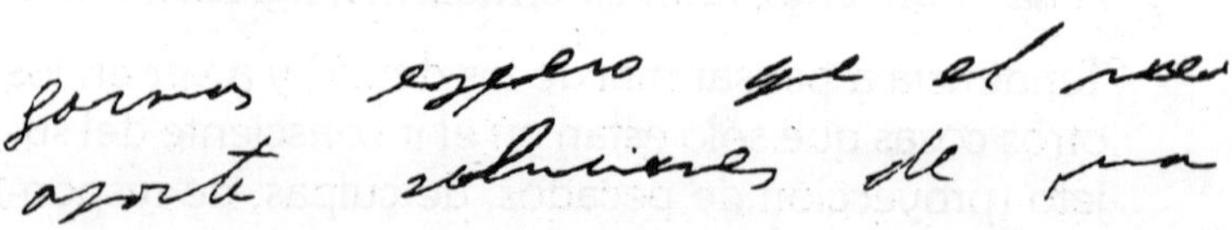

Escritura Creciente-decreciente

1 - **Escritura creciente**.

Las letras finales de una palabra tienen mayor volumen que las anteriores.

- Predominio del pensamiento infantil sobre el pensamiento lógico.
- Nobleza, bondad, franqueza.
- Ingenuidad, candidez, falta de sentido crítico.
- Gente más abierta, alegre, entusiasta, tienen tendencia a la exageración, imprudencia, falta de tacto, pasión.
- Incapacidad de penetrar en las cosas con sagacidad y sentido lógico.

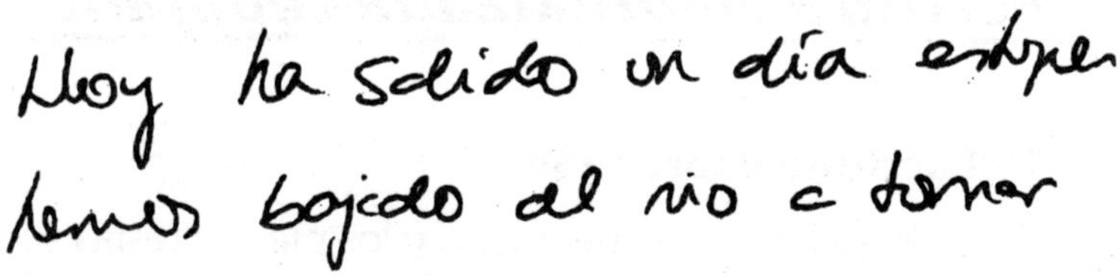

2 - **Escritura decreciente**.

Las letras disminuyen de tamaño a lo largo de la palabra.

- Si el final es legible: interpretación positiva.
- Dotes de observación, curiosidad, sagacidad, astucia.
- Diplomacia, tacto.
- Intuición.

- Predominio del pensamiento lógico y reflexivo, sutileza de espíritu, capacidad de identificarse con los demás por el sentimiento.

• Si el final es ilegible: se negativiza todo lo anterior.

- Astucia, maldad, disimulo, falsedad, hipocresía, cinismo, falta de sinceridad.
- Espíritu crítico, mordaz.
- Falta de control, impaciencia, agresividad, irritabilidad.

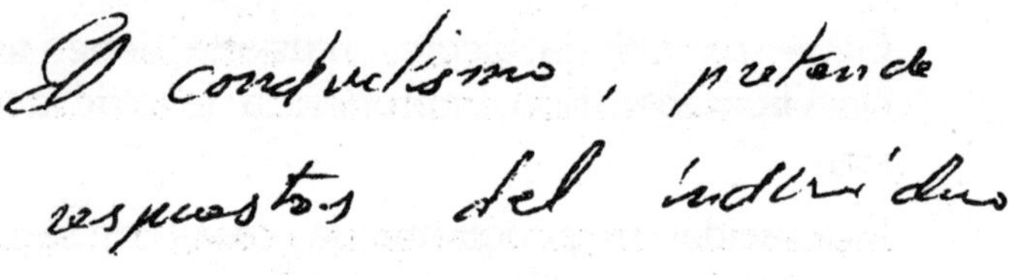

Escritura Sobrealzada-rebajada

1 - **Escritura sobrealzada**.

El óvalo es más alto que ancho y los pies y crestas son largos. Normalmente es apretada (las letras se comprimen como un acordeón) a veces no.

- Dotes de mando, deseos de destacar (don Quijote, el jefe).
- Orgullo, superioridad, despectividad, amor propio, susceptibilidad.
- Ambición, aspiración a un alto ideal.
- Imaginación, idealismo.

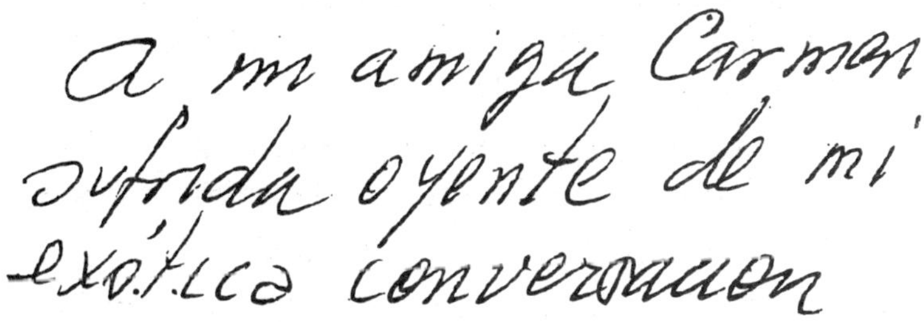

2 - **Escritura rebajada**.

El óvalo es más ancho que alto, y los pies y las crestas son bajas.

- Modestia, humildad, prudencia.
- Sencillez, madurez, equilibrio, tolerancia, modestia.
- Personas amables, de buen trato, tranquilas.
- Falsedad, disimulo, falta de sinceridad.
- Personas poco decididas, inhibidas ante la acción.
- Cobardía, tendencia a la depresión.
- Debilidad física y de carácter.
- Timidez, resignación, sometimiento.

Aumentos y Disminuciones Bruscas de Tamaño

1 - **Aumentos bruscos de tamaño**.

En escritura normal, hay algunas letras más grandes.

- Son movimientos bruscos, descargas nerviosas, explosiones, pérdidas de control momentáneas ante una situación de contención.
- Agitación, nerviosismo (pueden mantener una homeostasis equilibrada antes de producirse la explosión).

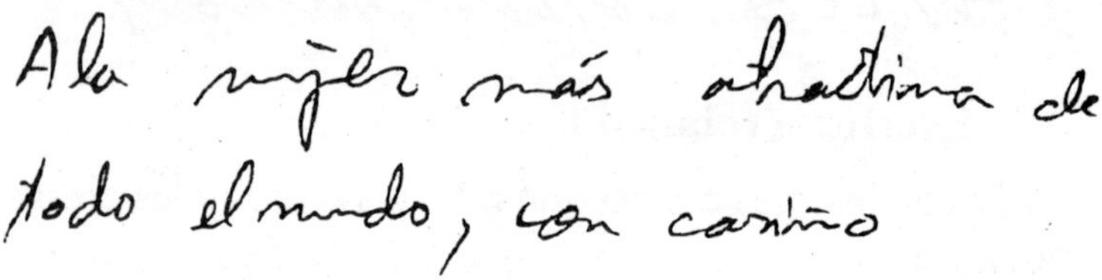

2 - **Disminuciones bruscas de tamaño**.

En escritura normal, hay algunas letras más pequeñas.

- Señal de cansancio, agotamiento, falta de salud.
- En lugar de reventar, se lo guardan.
- Personas desequilibradas.

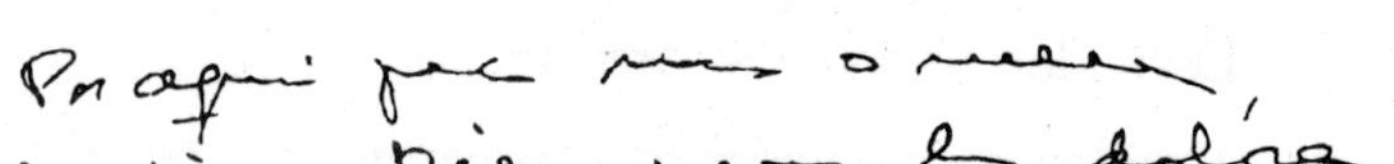

Escritura Extendida-Apretada

1 - **Escritura extendida**.

Las letras se distribuyen ampliamente en sentido horizontal de la palabra.

- Persona relajada, confianza en sí misma, sus relaciones sociales son como su escritura, extendidas. Extroversión, cordialidad, sociabilidad, naturalidad.
- Franqueza.
- Memoria e imaginación verbal.

• Si es excesiva:

- Vanidad, orgullo, presunción.
- Precipitación, rapidez.
- Espontaneidad, generosidad.
- Son superficiales y alegres.

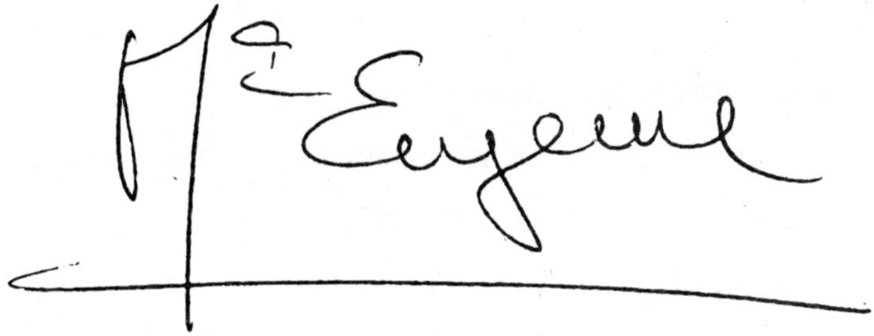

2 - **Escritura apretada**.

Las letras se comprimen a lo largo de la palabra.

- Opresión, inhibición, temor al avance.
- Timidez, prudencia, discreción.
- Son más ordenados y atentos.
- Concentración de ideas, buena memoria.
- Control de los impulsos.
- Personas celosas, suspicaces.

- Tacañería, egoísmo, desconfianza, irritabilidad, envidia.
- Tendencia a la soledad.
- Taciturnos.

Escritura Espaciada-Condensada

1 - **Escritura espaciada**.

- La distancia entre palabras, líneas y letras es amplia.
- Despilfarro, derroche, desorden.
- Necesidad de expansión y libertad.
- Sociabilidad, optimismo, buen humor, simpatía, jovialidad.
- Visión amplia de las cosas, claridad de ideas.
- Bondad natural, gracia, generosidad, credulidad.
- Iniciativa para la reconciliación en caso de crisis o roces.
- Facilidad para renunciar a las opiniones propias y aceptar las ajenas.

• Cuando los espacios entre palabras y líneas coinciden con una escritura pequeña y de letras aproximadas, es propia de personas minuciosas, con espíritu de observación y sentido crítico, reflexión y raciocinio.

- Este signo es también propio de sujetos autistas que se distancian del ambiente que les rodea y se encierran en la soledad.

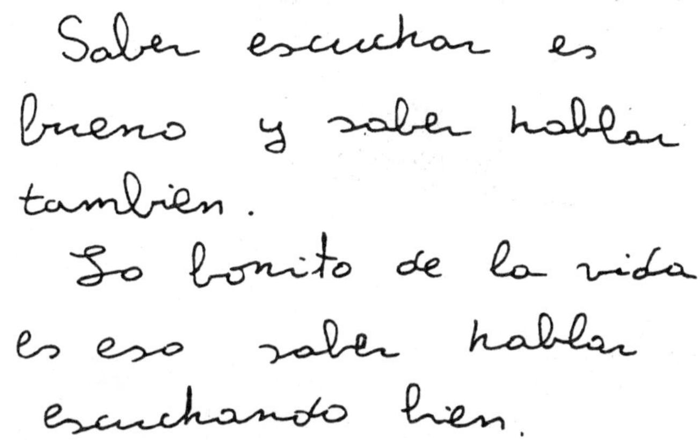

2 - **Escritura condensada**.

Aprovecha el papel al máximo. La distancia entre líneas, letras y palabras es pequeña (puede haber mucho margen).

- Aprovecha de una forma exagerada el espacio y el tiempo.
- Constancia, perseverancia.
- Retraimiento social, inhibición, reserva, timidez.
- Avaricia, tacañería, poca capacidad de dar.
- Si la escritura es pequeña, reforzará el detallismo y la minuciosidad.

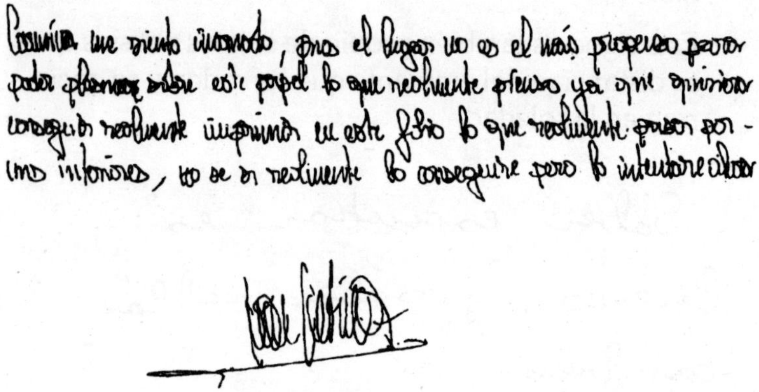

Forma de la escritura

Curva y Angulosa

1 - **Escritura curva**.

Se redondean los trazos que caligráficamente tenían que ser angulosos.

- Bondad, suavidad, trato agradable, dulzura, adaptación fácil y espontánea, sociabilidad.
- Sacrificio, generosidad, abandono de sí mismo.
- Paciencia.
- Gratitud.

• Si es lenta:

- Abulia, pereza, negligencia.
- Falta de decisión.
- Abandono, dejadez.
- Superficialidad.
- Favorece la sensualidad.

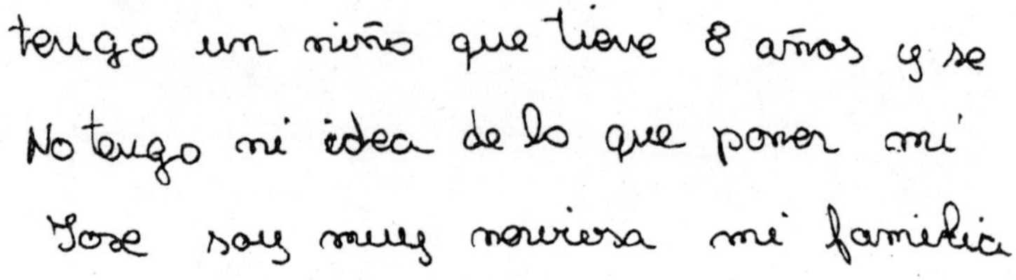

- • Si es ágil:
- Sentido del humor.
- Gracia, imaginación.
- Personas adaptables que se sienten cómodas por la extroversión, simpatía, naturalidad, personalidad sugestiva, atractiva y amable.
- Bondad, evitan roces y asperezas.
- Cualidades estéticas.
- Intuición.

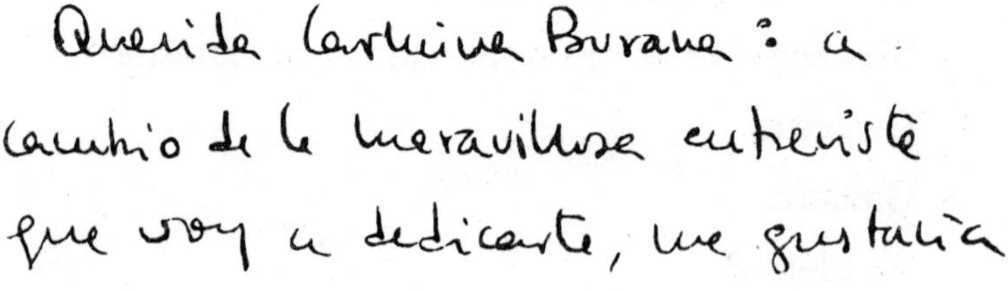

2 - **Angulosa**.

Predominio de los ángulos en zonas donde debería haber curvas.

Los ángulos son agudos, punzantes, con aristas, parecen flechas.

- Si es legible:
- Rectitud, control, firmeza, personas, serias, austeras.
- Predominio de la voluntad sobre los sentimientos.
- Sentimiento del deber, de la autoexigencia (el ángulo es un gesto extra).
- Energía, fuerza, decisión, tenacidad.
- Dotes de mando, virilidad, independencia.
- Tendencia a imponer los propios criterios a los demás.

Piensas que mi amor es menor,

- Si es desordenada:
- Agresividad, intransigencia, crueldad, violencia.
- Rencor, resentimiento, envidia.
- Introversión, no se adaptan con facilidad al ambiente porque tienen un deseo agresivo de dirigir.
- Testarudez, ingratitud, dificultad de adaptarse al pensamiento de otros.
- Si en los pies el bucle es anguloso: frigidez sexual.

estimula el trabajo del
y del hígado, estimula

Escritura Sencilla, Complicada, Vulgar y Simplificada

1 - **Escritura sencilla**.

Es armónica, legible, proporcionada, clara, sobria, suelta, austera, No tiene rasgos superfluos, es personalizada.

- Sencillez, elegancia, buenas formas.
- Orden, claridad.
- Madurez psicológica.
- Ausencia de artificio y complicación en el carácter.
- Naturalidad en la forma de ser.
- Inteligencia objetiva, síntesis.
- Sinceridad, franqueza y espontaneidad.

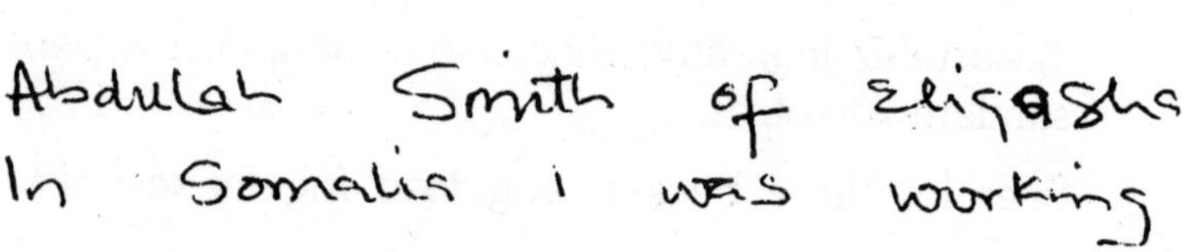

2 - **Escritura complicada**.

La escritura contiene trazos innecesarios y complicados que no existen en el modelo caligráfico.

- Personas que gustan complicar las situaciones, amigos de las intrigas y de las confusiones.

- Coquetería, vanidad, forma de llamar la atención.
- Gente barroca, importa lo superfluo, el pequeño detalle, el lujo, la ostentación.
- Deseos de llamar la atención y de influir en los demás (compensación del complejo de inferioridad exagerando la importancia de los hechos y de la propia personalidad).
- Predominio de la imaginación sobre la razón.
- Creatividad, originalidad.
- Habilidad oral.
- Carácter fanfarrón, arrogante, extravagante, exhibicionista, con delirios de grandeza.
- Refuerza la mentira.
- Esta escritura es frecuente en comerciantes hábiles en disfrazar la realidad, complicando el valor y la importancia de las cosas en su propio beneficio.

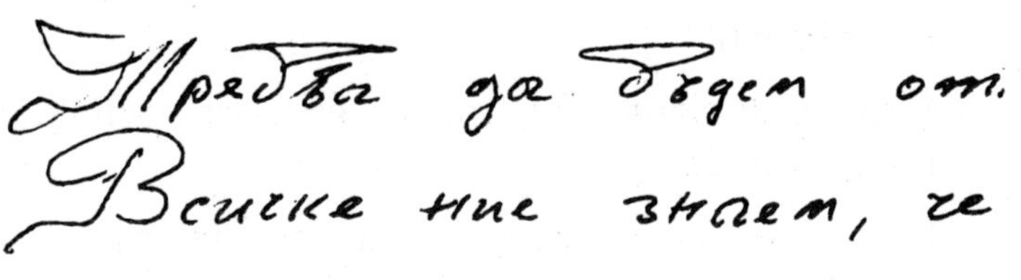

3 - **Escritura vulgar.**

Es torpe, mal trazada, persona que no tiene costumbre de escribir.

Sólo se interpretará cuando la persona tenga un nivel cultural aceptable.

- Señal de vulgaridad.

- Rasgo de inferioridad.
- Falta de calidad humana.
- Trivialidad, insignificancia.
- Torpeza mental.
- A veces es patológico: alcoholismo, toxicomanía, senilidad

4 - **Escritura simplificada**.

Suprime todos los rasgos que no son absolutamente necesarios y es legible. Es uno de los signos más principales de la cultura.

- Introversión.
- Alto rendimiento con menor esfuerzo, actividad mental rápida.
- Intuye la esencia de las cosas y prescinde de lo accesorio e insignificante.
- Sagacidad.
- Señal de haber escrito.
- Inteligencia, mayor agilidad mental y asimilación, objetividad, espíritu de síntesis, predominio de la razón sobre los sentimientos.
- Sobriedad, sencillez.
- Nobleza de carácter.

- Buen gusto.
- Facultad de crítica.
- Adaptabilidad.
- Frialdad, poca fantasía.

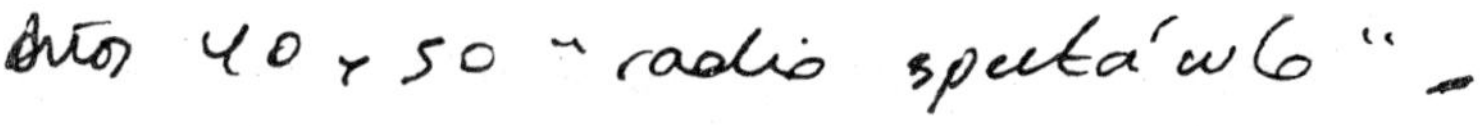

Arcadas y Guirnaldas

1 - **Arcadas**.

Las letras se hallan ligadas en forma de arco.

- Refuerza la introversión, reserva.
- Autocontrol, reflexión, más pendiente del formulismo.
- Necesidad de aparentar.
- Falta de franqueza, movimiento regresivo hacia uno mismo.
- Desconfianza, disimulo, tendencia a actitudes desleales.

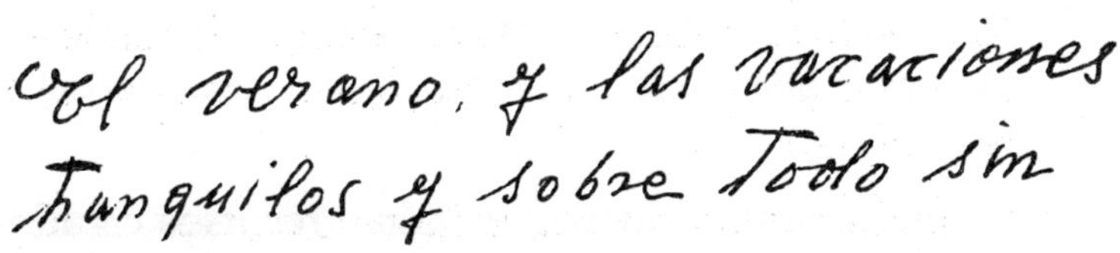

2 - **Guirnaldas**.

Las bases de las letras se hallan ligadas por curvas en forma de u.

- Extroversión, sociabilidad, adaptación, optimismo, deseos de comunicación.
- Agilidad, rapidez, actividad.
- Refuerza la sinceridad, lealtad, bondad.
- Dulzura, gracia, generosidad, idealismo.
- Personas influenciables, se dejan llevar por las circunstancias.

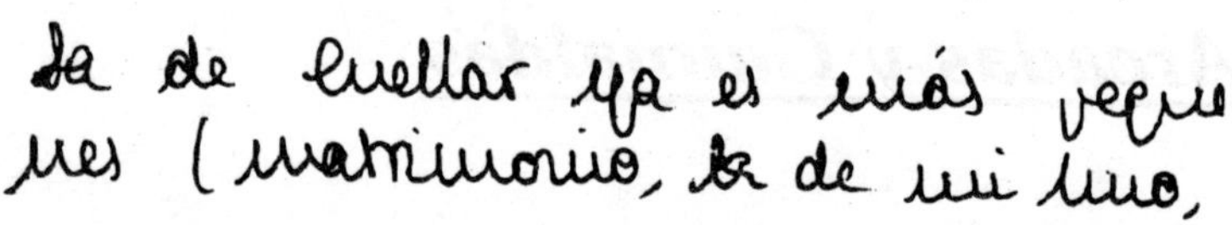

Escritura Caligráfica

Recuerda fielmente el modelo caligráfico. Escritura perfecta, moldeada, esfuerzo por que salga bien.

- Amaneramiento, perfeccionismo, carente de espontaneidad.
- Disciplina, obediencia, sumisión.
- Orden, claridad, limpieza, pulcritud.
- Falta de personalidad, fiel reproducción de las ideas ajenas, tradicionalismo, rutina (buena para trabajos en cadena).
- Improductividad mental, le faltan recursos creadores.
- Ve que toda novedad es una amenaza para su seguridad personal.
- Es un conservador, apego a los recuerdos.

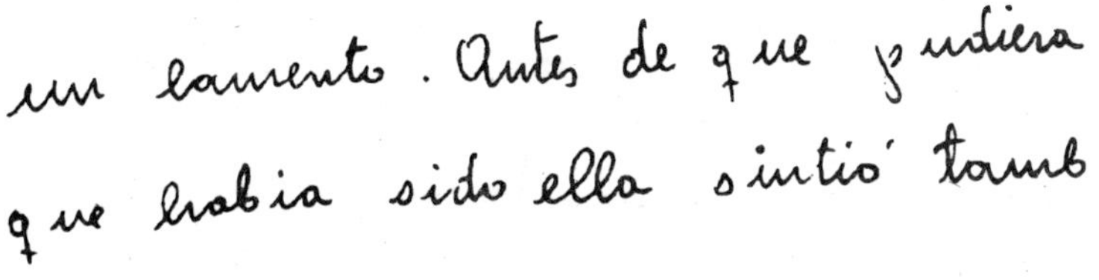

Escritura Tipográfica o con Mayúsculas

La escritura tipográfica tiene caracteres de imprenta, de máquina de escribir.

- Si se escribe en un impreso, talón o nota: deseos de claridad.
- Si se escribe en un estudio grafológico y las otras veces no: reforzante de la mentira, ocultación.

- Personas controladas, perfeccionistas, puntillosas, deletrean cuando hablan (las secretarias que escriben en tipografía son buenas).
- Deseos de claridad, perfección, mimetismo, culto a la forma.
- Cultura, lucidez, inteligencia.
- Austeridad, control, frialdad.
- Falta de fantasía y creatividad.

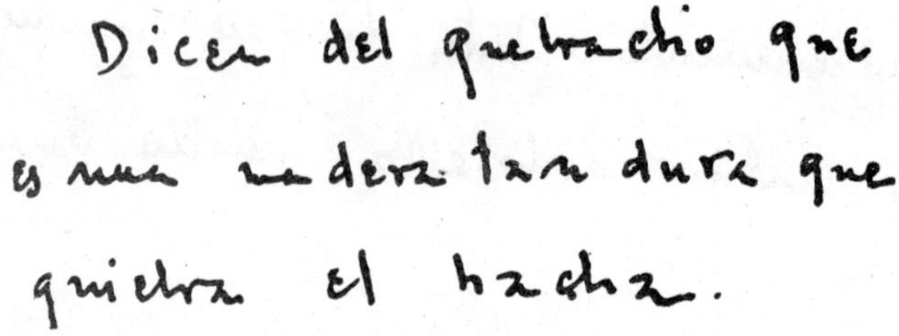

Escritura Cuadrada

Los óvalos pierden su redondez.

- Complicación, artificiosidad, falta de naturalidad, gusto por lo superfluo.
- Personas productivas, creatividad constructiva.
- Lentitud, rutina, esfuerzo, claridad.
- Propia de sabios y poetas (Tomás Edison).

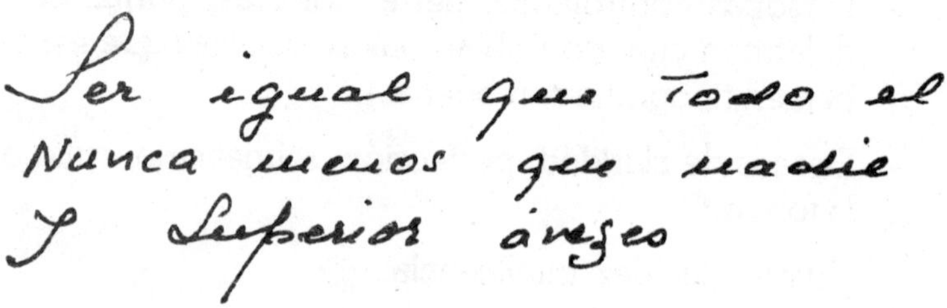

Escritura Filiforme

La escritura se estira en sentido horizontal, es veloz, con rasgos inacabados, que se dirigen hacia la derecha, y a veces se sustituyen por rayas.

La capacidad de poderlo hacer es signo de inteligencia.

a) **Positiva**: la letra es legible.

- Gran agilidad mental, rapidez, reflejos, destreza y habilidad.
- Inteligencia y cultura.
- Imaginación.
- Personas que confían demasiado en si mismas.

b) **Negativa**: la letra es ilegible.

- Nerviosismo, precipitación.
- Oportunismo, astucia, hipocresía, mentira, pero a pesar de todo son inteligentes y cultos.

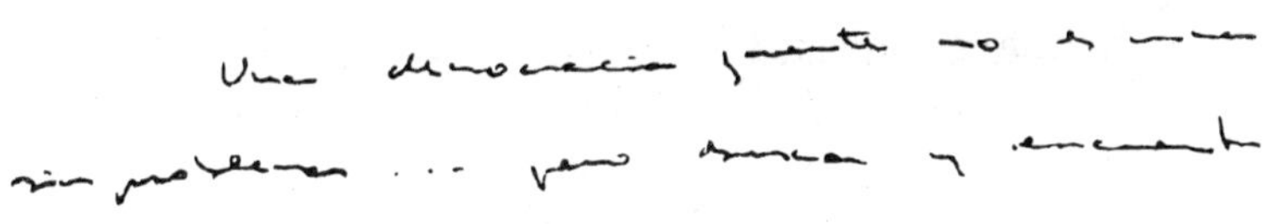

Progresiva o Regresiva

1 - **Progresiva**: todos los trazos van dirigidos hacia la derecha (firma, barras de t, puntos de i, finales de letras largas).

- Sociabilidad, dinamismo, impulsividad, voluntad decidida y dispuesta a la acción.
- Independencia de carácter y de criterios.
- Capacidad para apreciar las cosas.
- Generosidad, lealtad, sinceridad.

- Ambición, actividad audaz y emprendedora.
- Inclinación a buscar compañía: necesidad de contacto fisicoanímico o espiritual.
- Adaptación al medio.

• Si el movimiento es muy exagerado, es negativo.

- Rebeldía.
- Alejamiento de todo aquello que le rodea.
- Impaciencia, irritabilidad, agresividad, apasionamiento.

• Con escritura redondeada y ligada:

- Bondad, altruismo, generosidad.
- Franqueza.
- Simpatía, amistad.

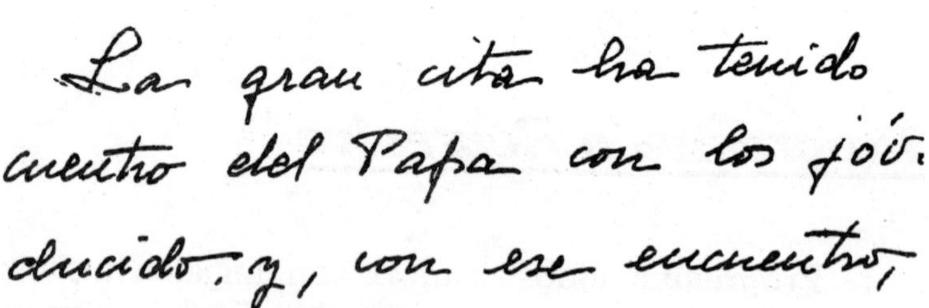

2 - **Regresiva**: todos los movimientos y trazos van dirigidos hacia la izquierda (los finales de las letras van dirigidos hacia atrás o se quedan contenidos, se firma lejos del texto o a la izquierda, acortamiento de las líneas).

- Habilidad para actuar y pensar en provecho propio, egoísmo, falta de interés por los problemas de los demás.
- Falta de comunicación, reserva, retraimiento, soledad, timidez, individualismo.
- Retroceso, temor al avance, miedo.
- Hipocresía, mentira, disimulo.
- Falta de espontaneidad.
- Cuando las regresiones se acentúan en la zona superior: el egoísmo radica en las ideas.
- Cuando las regresiones se acentúan en la zona media: falta de generosidad y de espíritu de sacrificio.
- Cuando las regresiones se acusan en la zona inferior: instinto avidez de placeres, de dinero y de bienes materiales.

Dirección de las Líneas

Son el reflejo de las fluctuaciones de ánimo, del humor y de la voluntad. Nos indican el grado de madurez, la constancia en el carácter, convicciones y conducta.

RECTILINEA: Líneas horizontales.

- Armonía y equilibrio en las funciones psíquicas y orgánicas, madurez, equilibrio, calma, dominio de sí mismo, naturaleza apacible, serena (si el signo es constante).
- Autovaloración realista.
- Lealtad.
- Personas que contienen sus emociones, reserva, criterio firme.
- Tendencia a dominar los propios impulsos y tendencia instintivas.

• Si la escritura es monótona y caligráfica:

- Conducta convencional de un sujeto mediocre o indiferentes.
- Apático, poco emotivo, aburrido, reservado.

• Si es rígida:

- Rigidez en las ideas, principios morales y conducta.

- Rectitud inflexible.
- Fanatismo, intransigencia.
- • Con letras sobrealzadas:
- Altivez, sentimiento exagerado del propio yo.

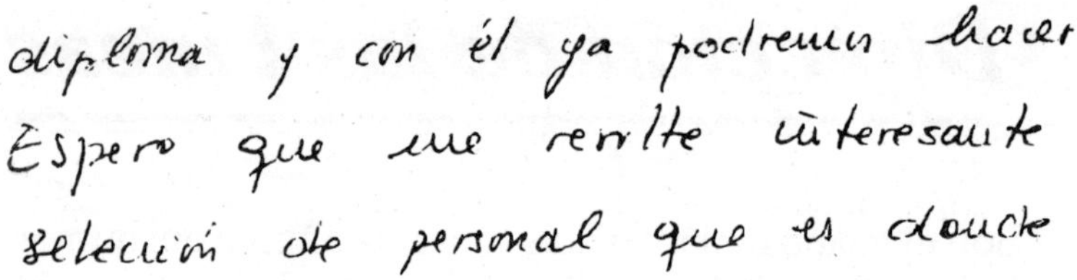

Ascendente

Las líneas ascienden. Hay características que no tienen que ver con la personalidad: décimas de fiebre, efecto de estimulantes, excitación o nerviosismo, colocación del papel.

Interpretación:

- Espíritu emprendedor y entusiasta, optimismo, aspiraciones, ambición, ardor, actividad, iniciativa innovadora.
- Imaginación, fantasía.
- Extroversión, alegría, euforia, amante de los obstáculos.
- Buena salud, vitalidad.
- Bondad, dulzura, generosidad, altruismo, sensibilidad, ternura. Cuando este signo es constante, refleja excitación, nerviosismo, susceptibilidad, apasionamiento.

- Si las líneas son muy ascendentes, el sujeto muestra su estado de excitación, de exaltación mental, sea por efecto de emociones intensas o bajo la influencia de alguna intoxicación (alcohol, café, estimulantes, etc.)

creo que me va a servir de ayuda en diversos asp
Sobre todo, me ha gustado mucho contactar con
loga- grafóloga, aprender cosas nuevas e inter
periencias y opiniones con el resto de la gente.

Descendente

Las líneas descienden. Puede determinar estados patológicos.

- Constitución débil, enfermiza, cansancio físico o mental, abatimiento, pesimismo, descenso de la capacidad de trabajo y del rendimiento, ya que hay poca energía física o psíquica.
- Depresión que tiende al abatimiento.
- Apatía, pereza.
- Complejo de impotencia y culpabilidad.
- Refuerza la introversión y la timidez.
- Desconfianza, reserva, pesimismo.
- Debilidad de la visión de la realidad.
- Resignación, renunciación, falta de iniciativa.
- Inclinación a la mentira, egoísmo.

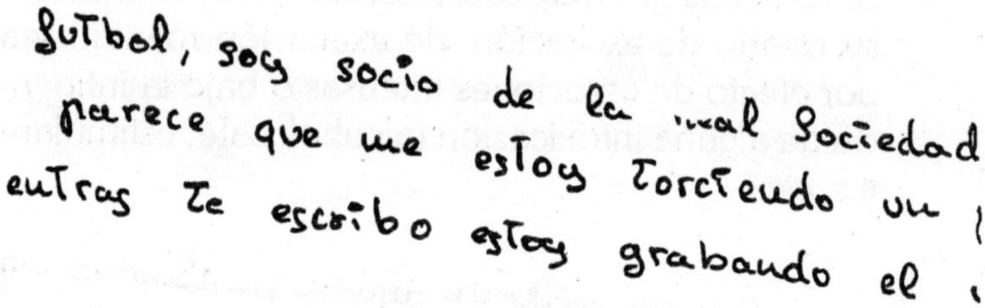

Cóncava

Comienza en un punto, desciende y luego asciende, acabando en el mismo nivel que comenzó.

- Persona variable, comienza con desánimo, y a medida que avanza se levanta.
- Descorazonamiento seguido por un esfuerzo por rehacerse.
- Pesimismo inicial que se resuelve después.

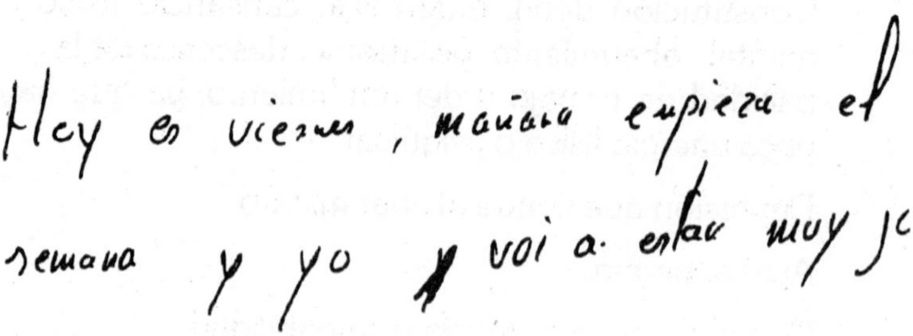

Convexa

Comienza en un punto, asciende y luego desciende, acabando en el mismo nivel que comenzó.

- Euforia inicial, se inicia la actividad con ánimo, pero ante la más mínima dificultad caen.

- Son poco reflexivos, ilusos, todo lo ven fácil.
- Ante los obstáculos caen, se ven desprotegidos.
- Agresividad seguida de angustia.
- Falta de constancia, inestabilidad.
- Gente que promete y no cumple.

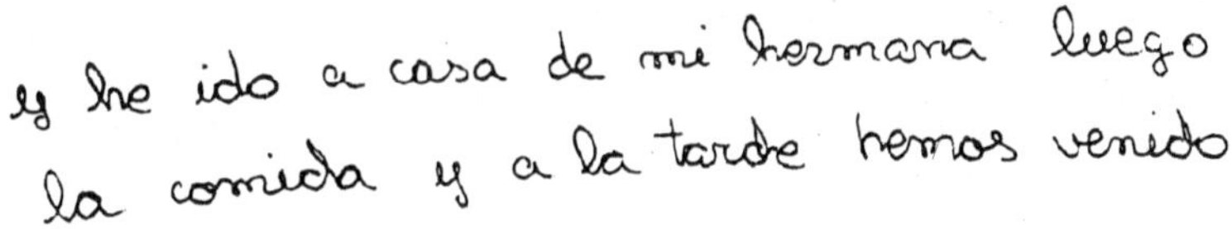

Sinuosa

Las palabras serpentean a lo largo de la línea.

- Falta de sinceridad, falsedad, disimulo, oportunismo, astucia.
- Hipocresía, diplomacia, cinismo, habilidad social, flexibilidad.
- Inteligencia.
- Saben lo que quieren.
- Emotividad, inestabilidad, inquietud.
- Infidelidad.

Velocidad

Nos indica la velocidad de asimilación y la comprensión. La rapidez y la legibilidad son difíciles de lograr, sólo mentes muy ágiles son capaces de lograrlo. Pero mente ágil no es lo mismo que inteligencia superior. No son más inteligentes los que escriben más de prisa; lo que se gana en velocidad se pierde en calidad y profundidad.

Podemos saber nuestra velocidad contando las letras por minuto.

Precipitada

Más de 210 letras por minuto.

Casi ilegible, amplia, estirada, filiforme (letras sustituidas por rayas); gran distancia entre palabras y letras, los finales de palabra son largos y dirigidos hacia la derecha.

- Si no es legible:
  - Mente clara y ágil, vivacidad, rapidez de comprensión y asimilación, fluidez de ideas, buenos reflejos.
  - Dinamismo y actividad.
- Si es legible:

- Ese dinamismo se convierte en hiperactividad, impulsividad, falta de control y de dominio de sí mismo.
- Desorden, improductividad.

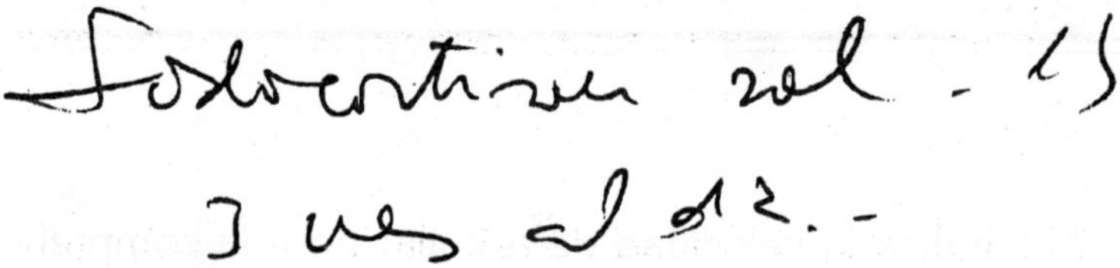

Rápida

Entre 140-205 letras por minuto.

Escritura suelta, dinámica, móvil, se estira en sentido horizontal sin elementos accesorios, dirigida a la derecha.

- Agilidad, vitalidad.
- Vivacidad de inteligencia, rapidez en los procesos mentales, buenos reflejos.
- Extroversión, entusiasmo.

Mesurada

Entre 100-140 letras por minuto.

Es legible, ordenada, se cuida la forma y los detalles.

- Calma, prudencia, equilibrio, serenidad, moderación.
- Atención, cuidado, minuciosidad, profundidad.
- Caracteres dóciles, apacibles y sociables,
- Autodominio, piensan antes de actuar.
- Regularidad en la actividad, menos agilidad y vivacidad.
- Profesionalmente, son gente efectiva, les van los trabajos de oficina: rutina, monotonía.

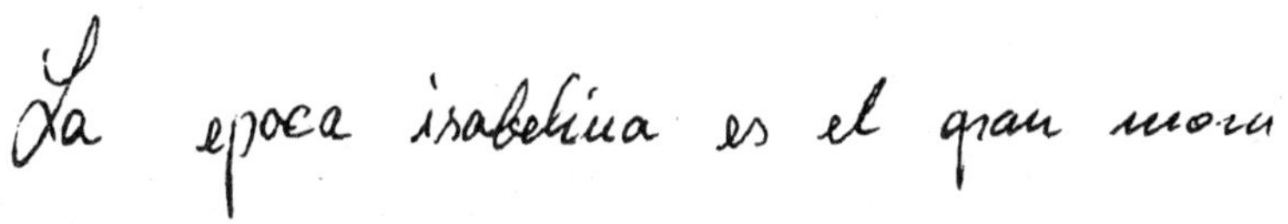

Lenta

Menos de 100 letras por minuto.

Torpeza de rasgos, letras muy formadas, elementos innecesarios dificultad de movilidad.

- Torpeza, falta de habilidad, imprecisión.
- Falta de cultura.
- Impasividad, pereza, lentitud (es frecuente en la escritura del amorfo, del linfático y del apático).
- Debilidad física.
- Inhibiciones de todo tipo.
- Inseguridad, temor.
- Senilidad o infancia.
- Dificultades de asimilación y comprensión.

Aun no me han tirado del colegio
ahora soy un  (angel) y la segun

Presión

Es la fuerza que imprime el lápiz en el papel. Nos muestra el grado de vitalidad, la salud física y la sensualidad.

Presión Débil o Deficiente

Trazo irregular, sin fuerza, fino, hay rotos (fallos que interrumpen el trazo), hay irregularidades de presión que debilitan el tono de la tinta.

- Timidez, indecisión, introversión.
- Fragilidad física, cansancio, apatía.
- Persona versátil.

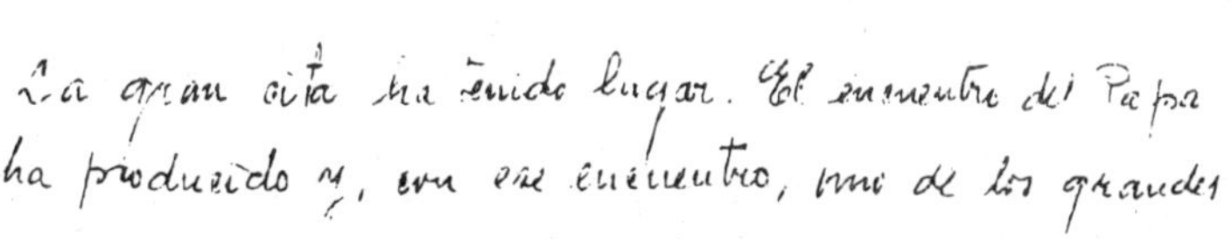

Presión Ligera

Deja una huella muy ligera, el trazo es muy fino, pero no hay rotos.

- Es propia de personas finas, delicadas y sensibles, de rica vida interior.
- Espiritualidad, idealismo.
- Suavidad, ternura, capacidad de adaptación.
- Con escritura inferior: falta de energía y de carácter, pasividad, escasa personalidad.

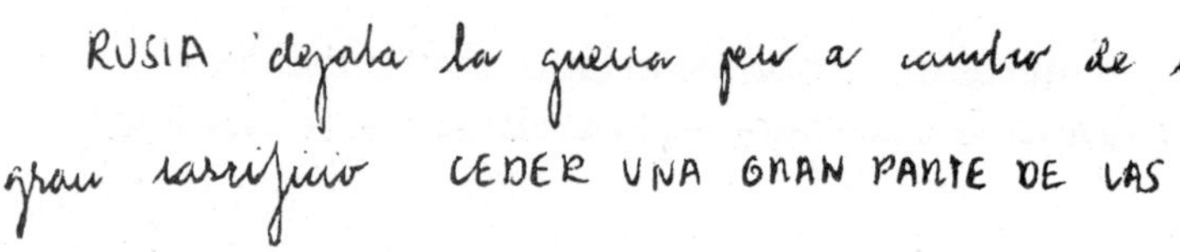

Presión Firme

Se caracteriza por la profundidad y regularidad de trazo. La pluma presiona de una forma más fuerte.

- Extroversión.
- Salud, vitalidad física.
- Tenacidad.
- Equilibrio vital.
- Actividad, decisión y dotes de mando.

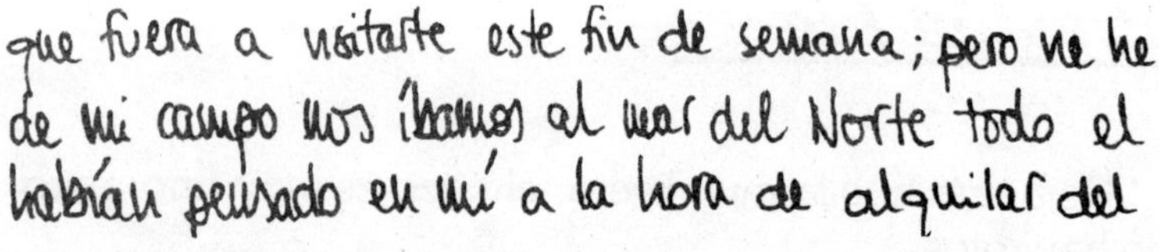

Presión Fuerte

Cuando presiona fuertemente el papel y deja una huella vigorosa.

- Energía, fuerza, resistencia.
- Sociabilidad y extroversión.
- Materialismo.
- Sensualidad.

• Si la presión es muy fuerte:

- Agresividad, irritabilidad, intolerancia, impertinencia.
- Sensualidad muy desarrollada.

Presión Pastosa

Los contornos del trazo aparecen mal delimitados, hay suciedades, borrones.

- Síntoma de una gran fatiga mental o física que llega al surmenaje.
- Dificultades en fijar y mantener la atención mucho tiempo.
- Ausencia o fallos en el autocontrol.

- Debilidad nerviosa.
- Agresividad, violencia, ira.
- Intoxicación, toxicomanía, alcoholismo.
- Trastorno circulatorio (cardiopatías, hipertensión, tuberculosis).
- Puede indicar también alguna forma de histeria, retraso mental e incluso enfermedades mentales.

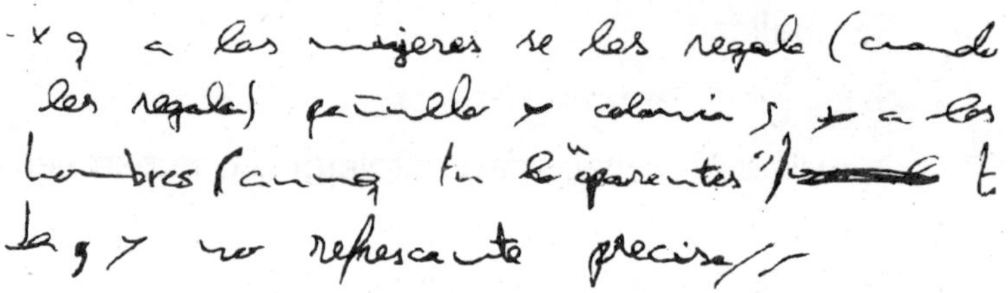

Presión Seca

Es rígida, delgada, como hecha con palillos, hiere la vista, punzante.

Los pies y las crestas no tienen bucle.

- Personas secas, cortantes, agresivas, intransigentes.
- Carácter agrio, dominante.
- Frustración, represión.
- No son sensibles.

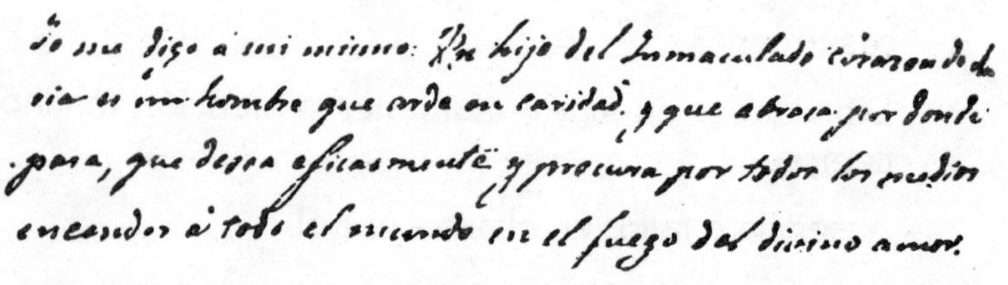

Inclinación

Es como un termómetro de nuestros sentimientos, y en qué medida siente el sujeto la necesidad de contacto con los demás.

Inclinación Vertical

- Equilibrio, control, prudencia, reflexión.
- Frialdad, no hay emotividad, personas que contienen sus emociones.
- Predominio de la razón sobre los sentimientos.
- Objetividad.
- Madurez en los criterios y en la conducta.
- Constancia, autoexigencia.
- Dominio de los sentidos y de los nervios.

• Si es sobrealzada:

- Orgullo despectivo, altivez.
- Sentimiento exagerado del propio yo.

• Si es angulosa y sobrealzada:

- Frialdad llamativa.
- Altivo, inflexible.
- Obstinación.

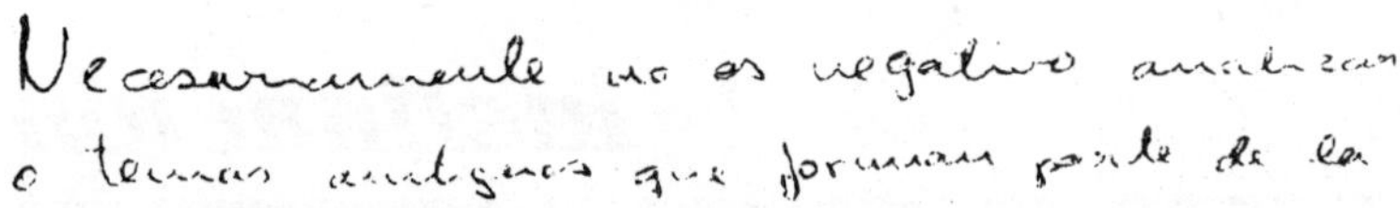

Inclinada

- Moderadamente inclinada:
- Movimiento hacia el futuro, progresión, avance.
- Extroversión, sociabilidad, entrega, simpatía, facilidad de adaptación.
- Actividad, viveza, iniciativa, espíritu progresista y emprendedor entusiasmo.

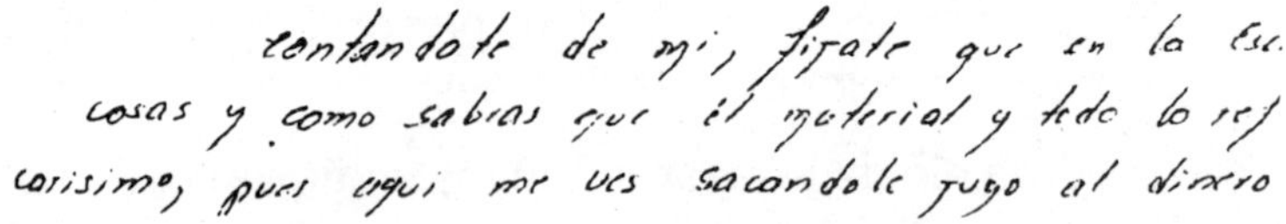

- Muy inclinada:
- Necesidad permanente de la presencia de los demás.
- Precipitación, imprudencia, apasionamiento, intranquilidad.
- Pérdida frecuente del dominio de los nervios y de los impulsos afectivos e instintivos.
- Influenciable.
- Dramatización exagerada.

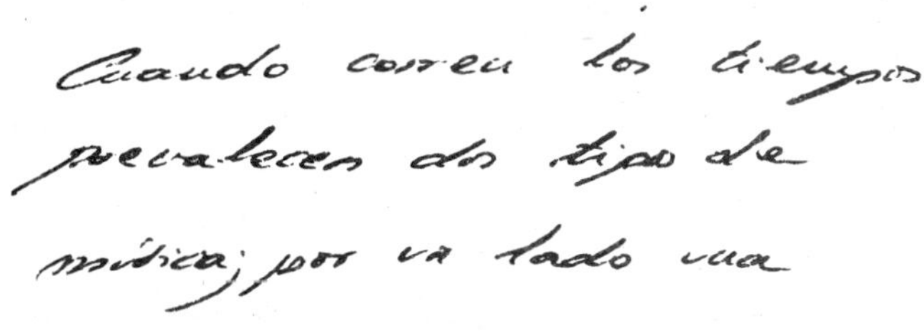

Invertida:

- Gran dominio de los sentidos y de los nervios.
- Emociones y afectividad gélidas.
- Movimiento de retroceso, introversión, falta de comunicación reserva, desconfianza.
- Rencor, egoísmo, hipocresía.
- Represión o aversión angustiada de las necesidades de contacto con los demás, actitud vigilante y a la expectativa.
- Abnegación, renuncia, reprime la sensibilidad.
- Falta de sensualidad, repugnancia por las caricias.

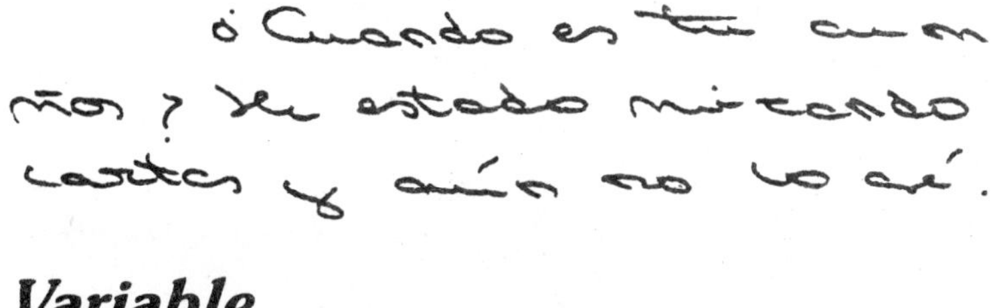

Variable

Oscilaciones de inclinación involuntarias.

- Emotividad, inestabilidad psíquica, desequilibrio, irritabilidad.

Nosotros intentamos hacer temas interesantes, nos gusta investigar

Cohesión o continuidad

Nos indica la lógica y la intuición, la reserva y la expansión. Consiste en unir las letras dentro de la palabra.

Los latidos del corazón y respiración condicionan la cohesión, también el carácter.

Escritura Ligada

Une todas las letras dentro de la palabra.

- Capacidad de razonamiento y lógica.
- Continuidad del esfuerzo y de la acción.
- Cultura.
- Buena memoria.
- Constancia, perseverancia.
- Extroversión, sociabilidad, comunicación, necesidad de expansión.
- Capacidad de realización.
- Poca imaginación.
- Coherencia, continuidad afectiva.

- Con escritura caligráfica:
- Sujetos insignificantes, sin originalidad.
- Llenos de prejuicios y convencionalismos.
- Neurosis de todo género.

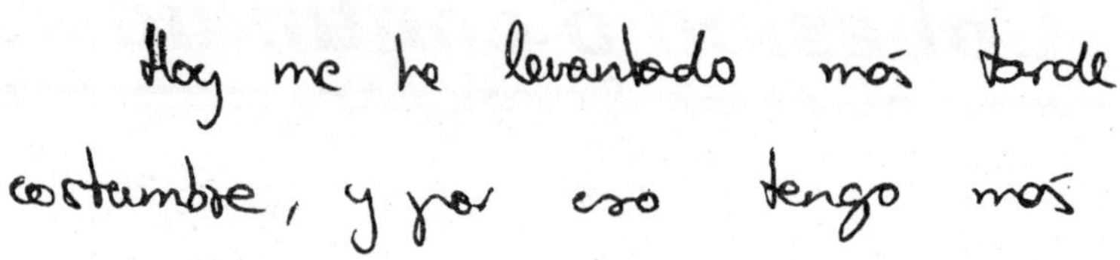

Escritura Desligada

Las palabras están formadas por letras sueltas, sin cohesión.

- Intuición.
- Juicios espontáneos, sin elaboración crítica.
- Estado de dispersión o desorden.
- Inconstancia, versatilidad.
- Capacidad para el cambio.
- Poco prácticos y menos realizadores, pero más ideativos y originales.
- Discontinuidad afectiva.
- Egoísmo.
- Frecuente en artistas e inventores.
- Excesiva timidez que inhibe toda regularidad.
- En las escrituras superiores: intuición extrema.

- En las escrituras inferiores: imposibilidad de hacer deducciones.

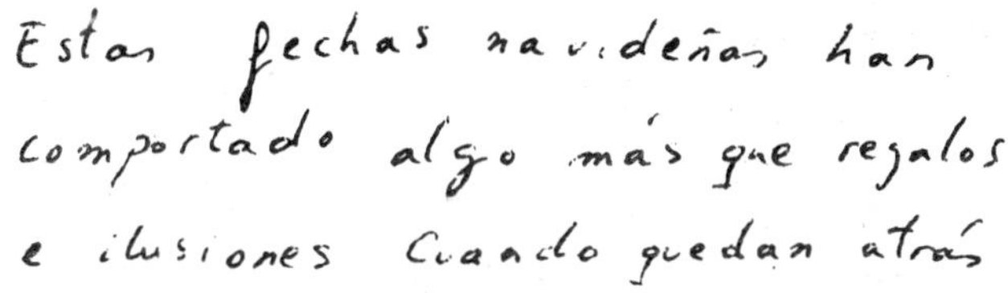

Escritura Agrupada

Presenta letras formando grupos entre sí.

- Equilibrio entre lógica e intuición.
- Equilibrio entre síntesis y análisis.
- Concentración.
- Fácil asimilación.
- Se adaptan con facilidad.
- Persona capaz de realizar o concebir.
- Soltura para encadenar unos movimientos con otros.

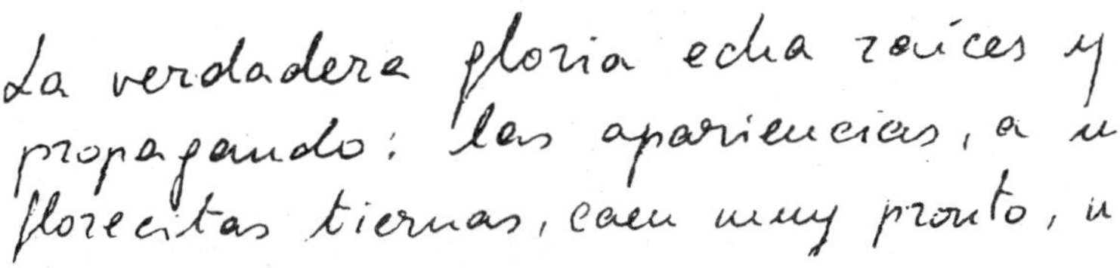

Escritura Reenganchada

No levanta el lápiz al escribir.

-Fatiga, poca salud.

-Dificultad para coordinar los movimientos.

-Senilidad o niñez.

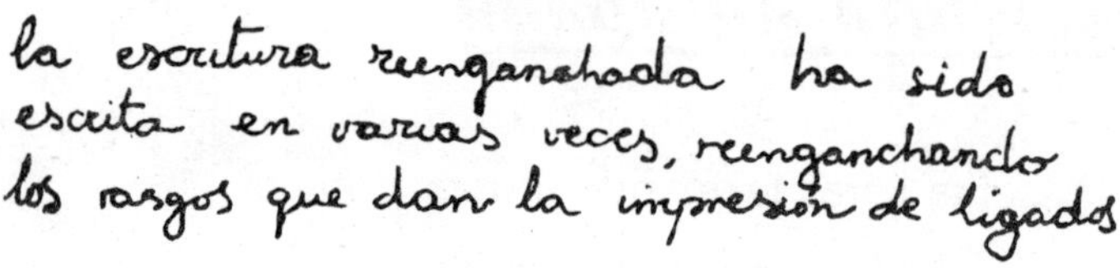

La acentuación: acentos; puntos o tildes

Altura

Mide la posibilidad del escritor de elevarse por encima del asunto a tratar.

Nos muestra su amplitud de miras, que será proporcional a esta altura.

Puntos altos y finos.

- Abandono de la realidad.
- Tendencias idealistas, religiosas o místicas.

Puntos bajos y precisos.

- Pensamiento realista, concreto.

Puntos a una altura normal y adelantados.

- Están en concordancia con un cerebelo potente: el sujeto piensa, y se mueve con vivacidad, tiende a adelantarse al presente.
- Pensamiento intuitivo.

- Iniciativa, ambición de progresar o de alcanzar las metas propuestas.
- Afán de descubrir el futuro de las cosas.

Puntos a una altura normal, colocados detrás de la letra

- Retardo en las reacciones de la atención y en las observaciones.
- Indecisión.
- Falta de confianza en sí mismo o en el futuro por timidez, falta de iniciativa, o por carencia de medios de improvisación.
- Actitud débil de la atención y de la voluntad frente a la vida y las obligaciones.

Fuerza

Atribuida a las obligaciones sociales.

- Cuando el apoyo es débil: la persona suele desatender su sentimiento del deber.
- Si el apoyo es fuerte: en estos sujetos, las obligaciones contraídas son más importantes que los propios actos.
- Cuando la acentuación es homogénea: las obligaciones son normales, equilibradas.
- Un apoyo muy pronunciado significa un escrúpulo exagerado a un pequeño detalle, y una pérdida de equilibrio.

Precisión

Está en relación con el equilibrio del psiquismo ante una obligación. El inconsciente elige, como soporte de una responsabilidad, el terreno del yo (la izquierda), o el terreno del otro (la derecha).

- Si está antes de la letra: espíritu inquieto que procura llegar antes de la hora.
- Encima de la letra: espíritu de equidad, puntualidad, sentido del deber y de la responsabilidad.
- Después de la letra: tendencia a llegar tarde, y negligencia.

Ausencia de Acentuación

- Nos indica una gran negligencia.
  - En escrituras superiores rápidas: es una simplificación.
  - En escrituras lentas: imposibilidad de una iniciativa cualquiera.

Acentuación Ligada a la Letra Siguiente

- Si el grafismo es rápido y simplificado: indica vivacidad de pensamiento.
- Fácil asimilación.
- Deducción.

- Intuición.
- Imaginación fecunda y con recursos creadores.

Las letras mayúsculas

La mayúscula es la letra de lujo, el traje de domingo de la escritura.

El dibujo de la mayúscula proporciona una indicación de la valoración de la calidad y del valor del individuo.

- Los sujetos inferiores emplean mayúsculas de diseño convencional sin ninguna originalidad, y limitándose a reproducir la forma aprendida en caligrafía.

- Los sujetos superiores tienen una mayúscula práctica, de un aspecto tipográfico. Aquí el número de gestos del trazado se reducirá al mínimo.

- La calidad del sujeto se refleja también en las mayúsculas, especialmente en las «letras de oficio», que permiten situar la posición social del escritor:

- La A de los constructores se apoya en bases sólidas y amplias.

- La A de los pensadores se eleva más hacia el espíritu.

- La M de los comerciantes, cuya inicial y final son como platillos de una balanza.

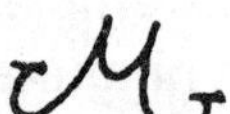

- El vanidoso forzará la atención.

- El tímido se difumina.

- Los fanfarrones intensifican enormemente sus mayúsculas.
- La P es la ocasión para los presumidos y los vanidosos de hacer seducción.

- Los que escriben las mayúsculas como minúsculas un poco agrandadas: falta de relieve en el pensamiento, temor a la afirmación, falta de confianza en sí mismos y falta de imaginación.
- Los que emplean las letras mayúsculas muy a menudo, están habituados a agrandar, sin razón, detalles insignificantes.

La Firma

1 - Definición

La firma representa el «yo íntimo» de la persona y el autoconcepto o la forma de verse o de valorarse a sí mismo.

Es el gesto que más revela nuestra personalidad, constituye un gesto eminentemente revelador, es nuestro sello y nuestra marca personal.

La firma nunca debe examinarse sola, sino siempre en relación con el texto, pues, constituiría un grave error pretender juzgar a una persona por una simple firma, ya que muchas veces está condicionada a la imitación de la persona que se admira, por eso hay muchas firmas que no tienen componente de personalidad.

En otros casos, las firmas son tan estudiadas, rebuscadas y artificiales, que muestran la impresión que el escritor quiere dar de su propia persona. Ejem.: políticos, artistas.

Así, la firma es la representación que se da del propio valor en traje de gala.

Hay firmas que parecen tener miedo a cambiar. Cambiar de residencia, encontrar a otras personas, salir del marco de lo aprendido puede ser una fuente de placer o un motivo de espanto. Depende de la emotividad o sensibilidad de cada uno.

A veces, las formas de una firma son contagiosas. Por la imitación de un dibujo, de una rúbrica, o de una mayúscula, es posible transmitir inconscientemente e involuntariamente mensajes.

Se copian firmas, no para identificarse con ellas, sino porque son una yuxtaposición de un carácter idéntico.

2 - Proceso Evolutivo de la Persona

Hay un proceso evolutivo de la persona, y se manifiesta muy claramente en la firma: una firma es como un niño. Tiene un proceso natural de crecimiento, y pasa por sucesivas etapas de desarrollo y transformación.

- **En la infancia:** lo más frecuente es que se imite la firma de una persona admirada, como el padre o el maestro.

La dependencia de la firma de un adulto se debe a una falta de madurez, y confiere una protección y una seguridad.

Normalmente son firmas claras, con el nombre legible y de gran tamaño.

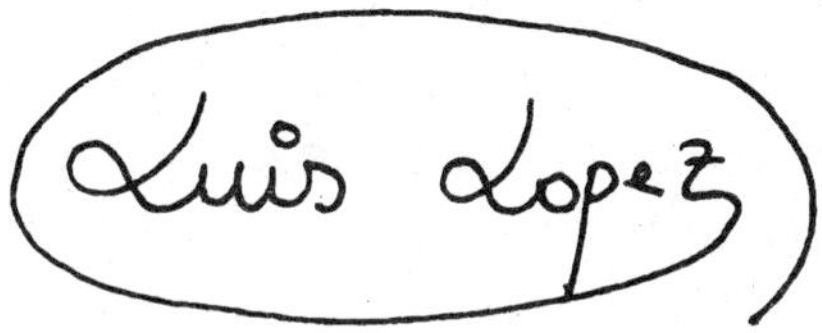

- **La Adolescencia:** se presenta como una etapa conflictiva en la que se comienza a rechazar los valores impuestos.

La firma sufre una gran transformación, ya no se imita, sino que se realiza totalmente diferente a las anteriores.

La disconformidad, la rebeldía, la timidez, dan lugar a firmas totalmente extrañas y complicadas.

Las firmas se reducen de tamaño, aparecen rúbricas envolventes (signo de protección), y a veces se tacha el nombre (signo de disconformidad, de autocensura).

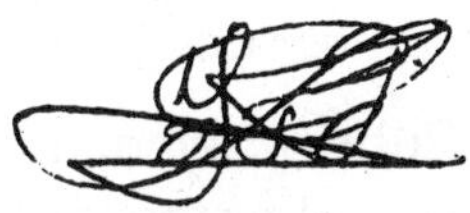

- **En la Madurez:** la firma se va liberando de los trazos, se hace más sencilla y más clara.

La rúbrica es un protector de la personalidad, y cada vez la persona la necesitará menos, llegando con la madurez plena a realizar firmas sin rúbrica.

La firma será auténtica y personalizada.

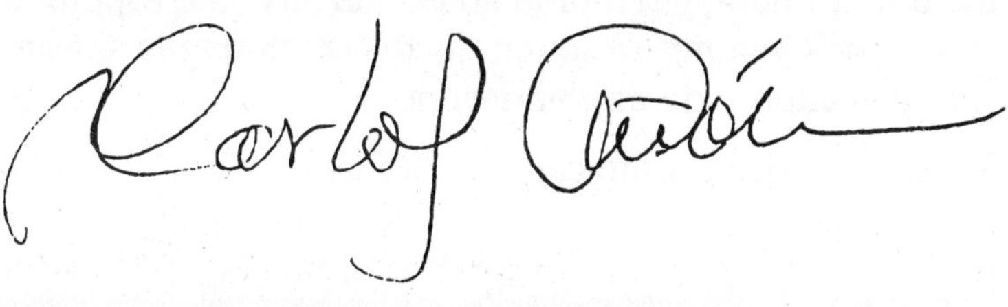

- **La firma envejece** con los años, pierde fuerzas, tiembla, se quiebra, y a pesar de la desaparición de su autor, la firma, igual que la escritura, tiene el privilegio de subsistir.

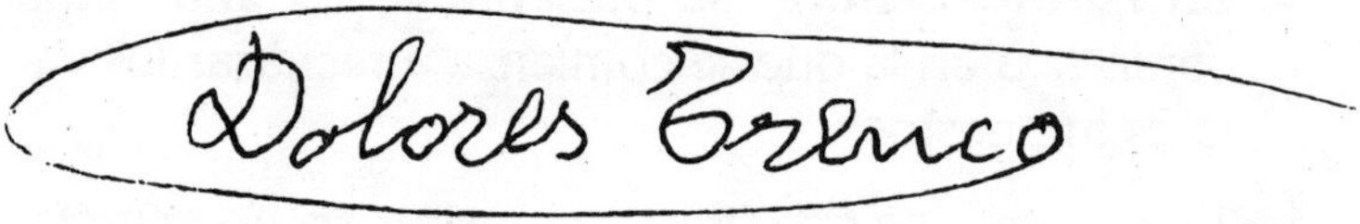

3 -Contenidos de una Firma

La firma consta de nombre, apellidos y rúbrica.

- Nombre: personalidad íntima, individual.
- Apellidos: personalidad oficial, vinculada a las relaciones sociales y familiares.
- Rúbrica: elementos auxiliares, trazos que acompañan al nombre y apellidos.

- **El Nombre.**

El niño pequeño puede que no conozca su apellido, pero no ignora su nombre, que es el primer sonido que oye.

Es el verdadero yo, el ser íntimo, con su bagaje de recuerdos, experiencias, alegrías y sufrimientos pasados.

Mientras el adulto siga ligado a su infancia, tendrá cariño a su nombre, y si triunfa en la vida tal como esperaba en sus años jóvenes se sentirá inconscientemente satisfecho de llevarlo y de engrandecerlo.

Muchos artistas emplean su nombre de pila.

Escribir el nombre más grande que el apellido, caracteriza a las personas que viven inmersas en la celebridad y en el narcisismo.

- **El Apellido.**

El apellido adquiere importancia con el paso de los años: representa el eje de la personalidad social, oficial, vinculada a las relaciones sociales y familiares.

Define una raza o familia, y se pierde en determinadas ocasiones.

- **La rúbrica.**

Son los trazos accesorios que acompañan al nombre y apellidos.

La belleza de una rúbrica reside en su inutilidad.

Todas las manifestaciones gestuales de una persona se pueden comparar.

Lo visible, lo expresivo, lo ostentatorio de una rúbrica, es inversamente proporcional a la sobriedad o a la cordura, y al equilibrio interior de una persona.

Cuanto más voluminoso sea el gesto de la rúbrica, más debilidad, insuficiencia, carencia y temor a no ser percibido tal y como el firmante quisiera que se le viera.

4 - Ubicación de la Firma

La firma tiene una preferencia especial. Prefiere un decorado un espacio para ubicarse.

La página representa el escenario, el decorado.

Si hay una firma, existe un público, que está representado por el texto escrito.

El contacto con el público, presente simbólicamente en la hoja se hará de forma diferente según la personalidad del escritor. La firma se va, pues, a colocar en un lugar elegido por el inconsciente, aceptada por el consciente.

a) **Firma a la derecha de la página** - fig. 1

- Mayor iniciativa, decisión, audacia.
- Deseos de avanzar sin reparar en obstáculos.
- Rapidez de espíritu, espontaneidad.
- Afición a relacionarse.
- Gusto por las cosas venideras, atracción por el futuro.

b) **Firma a la izquierda de la página** - fig. 2

- Indecisión, temor, nostalgia.
- Misantropía.
- Huida de los compromisos.
- Tendencia al desaliento, al suicidio.
- Falta de confianza en sí mismo.
- Disimulación, egoísmo, egocentrismo.
- Rechazo a vivir el presente.
- No se ha cortado el cordón umbilical.

c) **Firma en el centro de la página** - fig. 3

- Indecisión entre las aspiraciones a realizar (la derecha), y los comportamientos adquiridos (la izquierda).
- Temor a tomar decisiones.
- Deseo de evitar instintivamente el contacto con el mundo exterior.
- Inhibición.

5 - Diferencias Firma-Texto

A) PROXIMIDAD: la que tenga la persona con la sociedad.

- **Si la firma invade el texto -** fig. 4

- Persona que invade con su presencia el entorno.
- El escritor se aprieta contra los demás porque tiene necesidad de ser protegido. Hace donación de sí mismo al mismo tiempo que pide protección.
- Falta de autonomía personal, dependencia.
- Tendencia a refugiarse en los demás.
- Falta de confianza en sí mismo.

- **Firma próxima al texto (sin invadir el texto) -** fig. 5

- Sociabilidad.
- Cordialidad.
- Cercanía entre los dos mundos.

- **Firma muy alejada al texto -** fig. 6

- Distancia hacia los demás, aislamiento por timidez.
- Independencia de carácter.
- Precaución, reserva, reflexión.
- Claustrofobia.
- Desdén, frialdad, inquietud, vacío interior.
- Egoísmo y egocentrismo, no quiere unirse a la sociedad.
- Sentimiento de inferioridad (si la firma es pequeña).

- Orgullo despectivo (si la firma es sobrealzada y grande).

B) DIRECCION

- **Firma ascendente** - fig. 7

- Ardor, entusiasmo.
- Impulso de afirmación de la personalidad.
- Satisfacción de sí mismo, suficiencia.
- Ambición, seguridad, audacia.
- Superación constante en trabajos de envergadura.
- Siempre entusiasta, irradia una impetuosidad y un dinamismo a veces temerario.
- Le gusta lo que suscita emociones fuertes.
- Tiene madera de héroe: animoso, audaz, intrépido y con tendencia a comprometerse cuando las cosas le parecen superiores.

- **Firma descendente** - fig. 8

- Cansancio, lasitud, melancolía.
- Pereza.
- Problemas de salud.
- Depresión.
- Sentimiento de fracaso.
- No se siente con fuerzas para hacer frente a las dificultades de la vida.
- No se gusta a sí mismo, es incapaz de salir de este estado.

- **Firma rectilínea** - fig. 9

- Igualdad de talante.

- Tranquilidad natural.
- Estabilidad, firmeza, falta de espontaneidad, sangre fría.
- Sabe lo que quiere y lo consigue con calma, pero seguro.
- Voluntad, perseverancia, constancia en seguir el camino elegido, y en cuanto a los obstáculos, los vence con una fuerza sosegada.
- Es muy racional, no tolera las fantasías y originalidades, que considera como faltas de respeto a la sensatez y a las buenas normas.
- Es rígido en sus sentimientos y pensamientos.
- Fidelidad y franqueza.

• **Firma descendente, texto ascendente** - fig. 10

- Aparente alegría con abatimiento interior.
- Despliegue de actividad, pero reacción de huida en pro de sí mismo.
- Se trata de una persona que oculta sus inquietudes profundas y sus dificultades, que a nadie confía.
- Nos engaña con una actividad vibrante y entusiasta.
- Se encuentra solo en sus melancolías, al tiempo que pone buena cara a la gente que le rodea.
- Sufre de cansancio físico, de un sentimiento de impotencia surgido de algo inconsciente.

• **Firma ascendente, trazo descendente** - fig. 11

- Entusiasmo, capacidad de resolución, de salir de la depresión.
- Inhibición en las relaciones sociales.

- Oposición entre una falta de dinamismo en el trabajo y una exaltación interior.
- Vive en vilo entre sus aspiraciones de querer ser superior a lo que es, y sus imposibilidades de afirmarse.

C) DIMENSIÓN

- **Tamaño medio** - fig. 12
- Es auténtico, voluntarioso, emprendedor.
- Expansivo, decidido, moderado, exacto y constante.
- Puede ser demasiado rutinario y convencional: los cambios pueden afectar el orden establecido en el que ha organizado su vida personal.
- Su comportamiento es tranquilizador, pues es estable y tranquilo en las decisiones que toma.
- **Tamaño pequeño** - fig. 13
- Escrupuloso, prudente, y poco amigo de vivir hacia afuera.
- Su felicidad la encuentra en una vida interior rica, de la que hace pocas confidencias.
- Cumple con su deber con ponderación, y realiza los trabajos que le corresponden con voluntad.
- Le gusta analizar y razonar sobre las ideas y sentimientos, y lo hace bien.
- Es tranquilo y tímido, prefiere estar sólo a encontrarse en compañía demasiado numerosa y movida.
- Le falta seguridad en sí mismo, pero tiene un sentido del deber y una capacidad de reflexión tales, que sabe perfectamente lo que hace y a dónde va.

- **Tamaño grande** - fig. 14

- Sabe lo que quiere y cómo conseguirlo: lo hace con plena conciencia de su valía. Tiene el arte de ver en grande.

- Es noble de corazón y de espíritu.

- Destaca por sus energías y sus ambiciones bien canalizadas por un razonamiento sólido y una voluntad de hierro.

- No ahorra esfuerzos ni sentimientos, pero sus actitudes son a veces demasiado absorbentes, pudiendo llegar incluso a ser despóticas.

- Tiene tendencia a emprender y a abarcar demasiado, creándose un estilo de vida más bien eufórico en cuanto a sus deseos de vivir por encima de la media.

- Tiene conciencia de su valía, pero es muy susceptible.

- **Firma de menor tamaño que el texto** - fig. 15

- Se inquieta por todo, especialmente por él mismo.

- No se acepta como es (sentimiento de inferioridad), y vive con temor y angustia en el medio que le rodea.

- Prudente en exceso, intenta pasar desapercibido.

- Tiene finura de espíritu, de reflexión y de análisis, y una vida interior rica.

- **Firma de mayor tamaño que el texto** - fig. 16

- La persona da más importancia a su yo profundo que al que exterioriza con los demás.

- La persona se considera superior (sentimiento de superioridad).

- Se vuelve exigente, suficiente, hasta vanidoso para con las personas de su entorno.
- Está insatisfecho y descontento consigo mismo, puesto que desea parecer diferente de lo que es en cuanto a su valía.
- Orgulloso, emprendedor, audaz, original; puede lograr grandes cosas por la necesidad de justificar su capacidad, por demostrar una intensidad que le falta.

D) FORMA

- **Firma curva, texto anguloso** - fig. 17

Persona socialmente agresiva, pero que íntimamente es cariñosa.

- **Firma angulosa, texto curvo** - fig. 18

Persona que socialmente es cariñosa e íntimamente es agresivo.

- **Firma en guirnaldas, texto en arcadas** - fig. 19

Persona que en sociedad es más reservada, e íntimamente es más comunicativa.

- **Firma en arcadas, texto en guirnaldas** - fig. 20

Persona que en sociedad es más comunicativa, e íntimamente es más reservada.

E) PRESIÓN

- **Firma débil, texto fuerte** - fig. 21

La persona es más débil de como aparece socialmente.

- **Firma fuerte, texto débil** - fig. 22

La persona no desarrolla toda la energía que tiene.

F) LEGIBILIDAD

- Si la persona se siente segura y orgullosa de sí misma, su firma será legible quiere que se la identifique.

- **Legibilidad espontánea, culta**: seguridad, alto autoconcepto. sencillez, libertad de expresión, orgullo.

- **Legibilidad lenta:**

1- Torpe, ignorante, poco hábito de firmar.

2- Si la persona es culta: hipocresía, persona cerebral, imagen forzada de sí mismo, adorno de la persona, orgullo forzado.

- Si la persona está descontenta de sí misma, la firma será ilegible.

- **Ilegibilidad espontánea:** la persona no quiere que se la identifique, descontento de sí mismo, falta de seguridad.

- **Por rapidez**: deformación profesional.

- **Ilegibilidad complicada, extraña, de forma intencionada:** persona cerebral, quiere llegar al engaño, hipocresía, ocultación de intenciones, persona competitiva, combativa.

Dan una imagen irreal, tratan de enmascarar su personalidad.

- **Firma ilegible-texto legible**

Persona que en sociedad se siente seguro y contento de sí mismo, pero en realidad tiene sentimiento de inferioridad, está descontento.

- **Firma legible-texto ilegible**

La persona se desarrolla en un ambiente hostil, pero íntimamente se siente seguro y bien.

G) VELOCIDAD

- **Firma más rápida que el texto**

Seguridad en uno mismo.

- **Firma más lenta que el texto**

Inseguridad, temor.

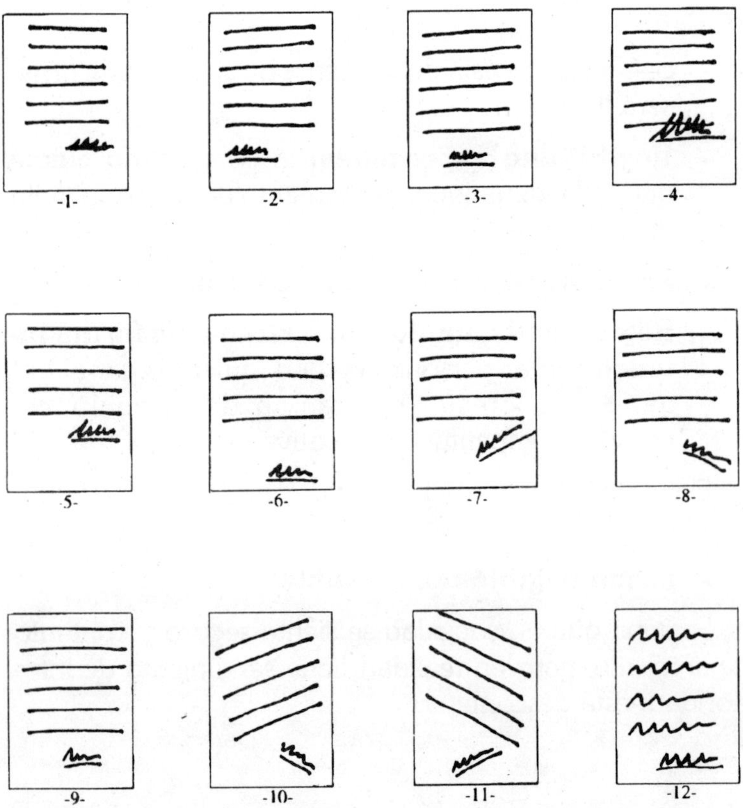

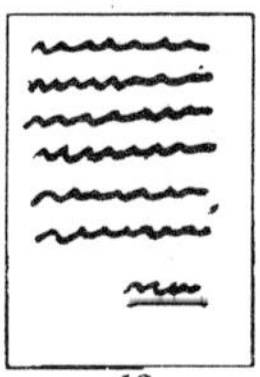

-13-

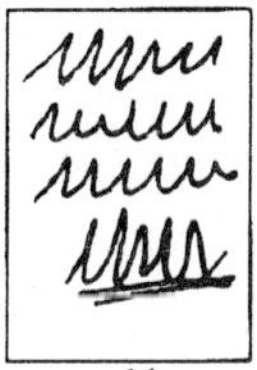

-14-

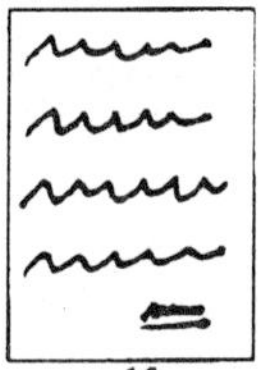

-15-

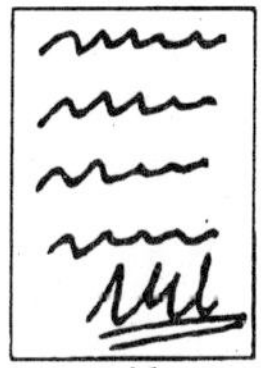

-16-

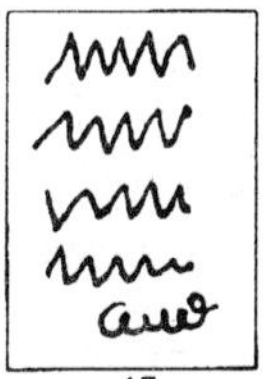

-17-

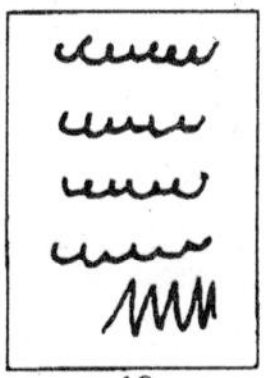

-18-

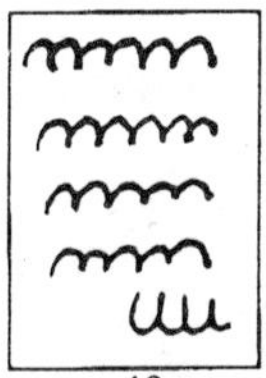

-19-

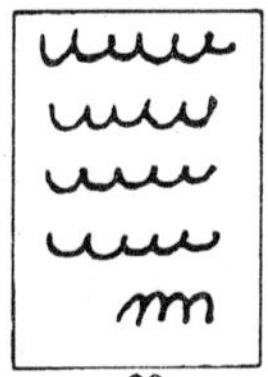

-20-

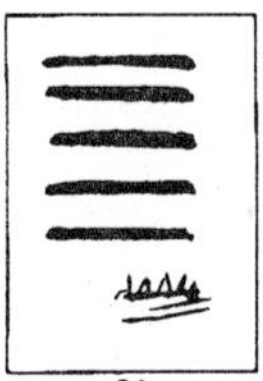

-21-

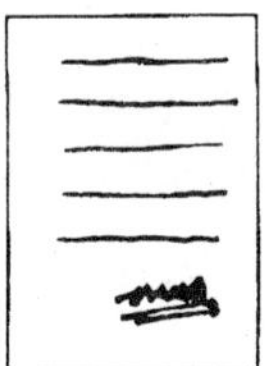

-22-

6. Consideraciones Generales

La rúbrica es un apoyo de la persona, protección. Lo normal es eliminarla a lo largo de la vida.

A) **Sencillez-complicación.**

- Sencillez: asume su forma de ser, tiene personalidad.

- Complicación: personas intrigantes, inseguras, falta de personalidad.

B) **Puntos en la firma.**

Son casi siempre las huellas de los problemas planteados y no resueltos. Señal de desconfianza, gente cortante, tajante, autoritaria.

- Si se sitúan después del apellido: el escritor rehusa tomar parte en el movimiento general del mundo.
- Si se sitúan entre el nombre y los apellidos: hay un problema planteado entre el hombre y su medio familiar.
- Si aparecen varios puntos: angustia, ansiedad, son dependientes.

C) **Ganchos en la firma.**

Son debidos a contradicciones en la actitud del hombre.

- Los ganchos inferiores o dirigidos hacia abajo tienen un origen negativo, adquisitivo y dudoso.

D) **Comillas debajo de la rúbrica**

- Factor imitativo.
- Se ve en mujeres, sobre todo en las madres.
- Dramatización, gente meticulosa y teatral (de cada cosa hace un mundo).
- Amantes del formulismo.

E) **Si se firma sin rúbrica.**

- La rúbrica es un signo de protección.
- Cuando la persona firma sin rúbrica, ha alcanzado un nivel de madurez que no necesita apoyo.

- Todo añadido al nombre es considerado como aparatoso. La rúbrica se consideraba en el pasado como una preocupación contra las falsificaciones de la firma.

F) **Diferencias firma-texto.**

- Cuando la firma y la escritura son tan diferentes, se trata de un persona que trata de enmascarar su personalidad.
- Temor patológico al juicio ajeno, puede conducir a la misoginia.
- Si la firma no difiere nada a la estructura del texto, la persona es equilibrada.

7 -El Estilo: La Forma de la Firma

La firma tiene un estilo original que se corresponde con la personalidad del que la hace.

Expresará su forma de ser, sus concepciones, sus ideas, como ve la vida y la forma de vivirla.

Puede ser vulgar y simple, imaginativo, ambiguo, misterioso.

A) **Al final de la firma.**

- Si se dirige hacia arriba: tendencia a la evasión, hacia las esferas cerebrales - fig. 1
- Si se dirige hacia abajo: necesidad de realización práctica - fig. 2
- Si se traza hacia el lado derecho: agresividad, energía, carácter independiente - fig. 3

- Si se traza al lado derecho con un ángulo: dificultad del hombre con la sociedad - fig. 4
- Si se traza al lado derecho con una curva: hay soltura en relación con los demás y con la sociedad - fig. 5
- Oblicua: independencia, separatismo - fig. 6

Fig. 1

Fig. 4

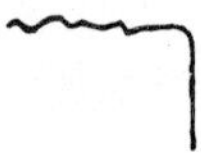
Fig. 2

Fig. 5

Fig. 3

Fig. 6

B) **Los trazos de la firma:** son los elementos auxiliares

- **Los trazos horizontales:**

1 - Si se encuentran encima de la firma: están destinados a proteger al hombre de una fuerza superior que él teme - fig. 7

2 - Cuando el trazo se encuentra debajo de la firma; destinado a proteger a la persona de los peligros materialistas, se crea un pedestal donde colocar su estatua.

- Conocimiento de la propia valía.
- Capacidad de liderazgo - fig. 8

3 - Subrayada en varios trazos: deseos de dominio, de imponerse sobre los demás, sentimiento de inseguridad - fig. 9

4 - En forma de reja: personas positivistas, materialistas, mundo instintivo muy desarrollado - fig. 10

5 - Cuando el trazo se encuentra en el centro de la firma, tachándola:

- El escritor tiene rechazo a admitir su propia valía.
- Tendencia a la autodestrucción.
- Sentimiento de culpabilidad.
- Autocensura, mala imagen de sí mismo.
- Complejo, temor.
- Típico de la adolescencia - fig. 11

6 - Cuando el trazo se encuentra debajo y encima de la firma:

- Necesidad de garantías, tanto en el plano material como en el social.
- Personas que tienen trazadas sus metas.
- Espíritu práctico, poco idealista.
- Suelen ser buenos empresarios - fig. 12

7 - La firma está protegida por todos los lados, encuadrada dentro de un círculo, envolvente:

- Es un muro que se construye para alejarse de las miradas inoportunas.
- Tendencia al aislamiento.
- Sentimiento de inferioridad, inseguridad, temor, timidez - fig. 13

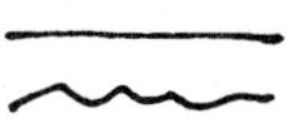

Fig. 7

Fig. 11

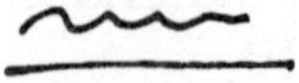

Fig. 8

Fig. 12

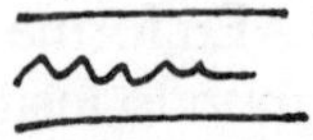

Fig. 9

Fig. 13

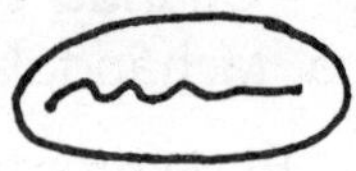

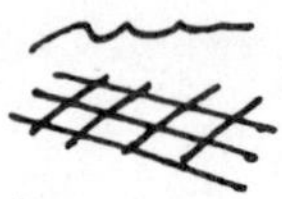

Fig. 10

- **Los trazos verticales:**

1 - Si está a la izquierda de la firma: necesidad de cerrarse ante el pasado - fig. 14

2 - Si está entre el nombre y el apellido: hay un muro entre uno mismo, su familia y la sociedad - fig. 15

3 - Si está después del apellido: aislamiento entre uno y los demás o la sociedad - fig. 16

Fig. 14

Fig. 15

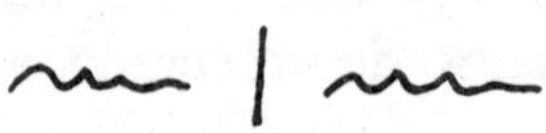

Fig- 16

- **Cóncava:** depresión que con el tiempo se supera - fig. 17
- **Convexa:** empieza bien, y acaba con la depresión - fig. 18

- **Si la raya empieza por la primera letra:** dotes de organización, reflexión, falta de espontaneidad - fig. 19
- **Cruces:** lucha, tendencia a la polémica - fig. 20
- **Doble línea con ángulo:**
  - Abierta hacia la izquierda: energía dirigida hacia uno mismo, en forma de autocensura - fig. 21
  - Abierta hacia la derecha: energía dirigida hacia el exterior - fig. 22
- **Zig-zag**: malicia bajo una aparente inocencia - fig. 23
- **Raya descendente en zig-zag:** codicia, terquedad, obstinación - fig. 24
- **Raya descendente en tirabuzón:** habilidad, diplomacia, se suele salir con la suya, seducción, engaño - fig. 25
- **Lazadas:** sencillez, habilidad manual y verbal.
  - Abierta hacia la derecha: extroversión - fig. 26
  - Abierta hacia la izquierda: introversión - fig. 27
- **Boca de lobo:** dentro de un semicírculo
  - Abierta hacia la derecha: escudo dentro de uno mismo, necesidad de protección y seguridad - fig. 28
  - Abierta hacia la izquierda: escudo hacia el exterior. En su mundo interior se encuentra bien - fig. 29
- **En forma de caracol:** temor, miedo, introversión, se encierra en sí mismo - fig. 30
- **En tela de araña:** movimiento de defensa, desconfianza, falta de seguridad, es una forma de se-

ducción, de engaño, personas aptas para el comercio - fig. 31

- **La mayúscula se prolonga:** personas materialistas, protegen, ayudan, pero es un proteccionismo impuesto - fig. 32
- **Firma a dos niveles:** religiosos, militares, institución que les ha limitado las ideas, sentimiento de obediencia, acatamiento, adaptación, cierto sentimiento de inferioridad - fig. 33

Fig. 17

Fig. 18

Fig. 19

Fig. 20

Fig. 21

Fig. 22

Fig. 23

Fig. 25

Fig. 26

Fig. 27

Fig. 28

Fig. 29

Fig. 30

Fig. 31

Fig. 24

Fig. 32

Fig. 33

La depresión y el suicidio

La depresión está caracterizada por la aparición de trastornos que se agrupan en torno a dos síndromes principales:

1 - Tristeza inmotivada.

2 - Disminución de la actividad.

Otros síntomas son:

- Trastornos afectivos: desamparo, desamor, sentimiento de culpa.
- Autonegación de la valía de la persona: desconfía de que su problema tenga solución. No tiene en quién confiar.
- Alteraciones de la percepción: les molesta todo: el ruido, la gente, la luz, todo aquello que le haga salir de su soledad. Pierden la ilusión por todo. No hay nada que pueda motivarles.
- Amnesia: alteraciones del pensamiento y la memoria. Sólo recuerda de forma selectiva la parte más negativa de todo lo que le ocurre. Tienen ideas delirantes: deformación de la realidad, vienen de una necesidad de explicar su tristeza.

- Alteraciones de la temporalidad: descartan los proyectos del futuro, tienen la sensación de que no salen y de que el tiempo no pasa.

• Sintomatología somática: anorexia-desaparece el apetito.

- Insomnio: es uno de los primeros síntomas que aparecen.
- Fenómenos hipocondríacos: sensación de cansancio continuo.
- Impotencia, frigidez.
- Cefaleas, jaquecas, dorsalgias.
- Sudoración.
- Alucinaciones.

Los rasgos de la escritura son:

- Líneas descendentes: pérdida de la tonicidad.
- Líneas sinuosas.
- Líneas convexas.
- Letra pequeña, sobre todo en niños.

Veamos un caso práctico:

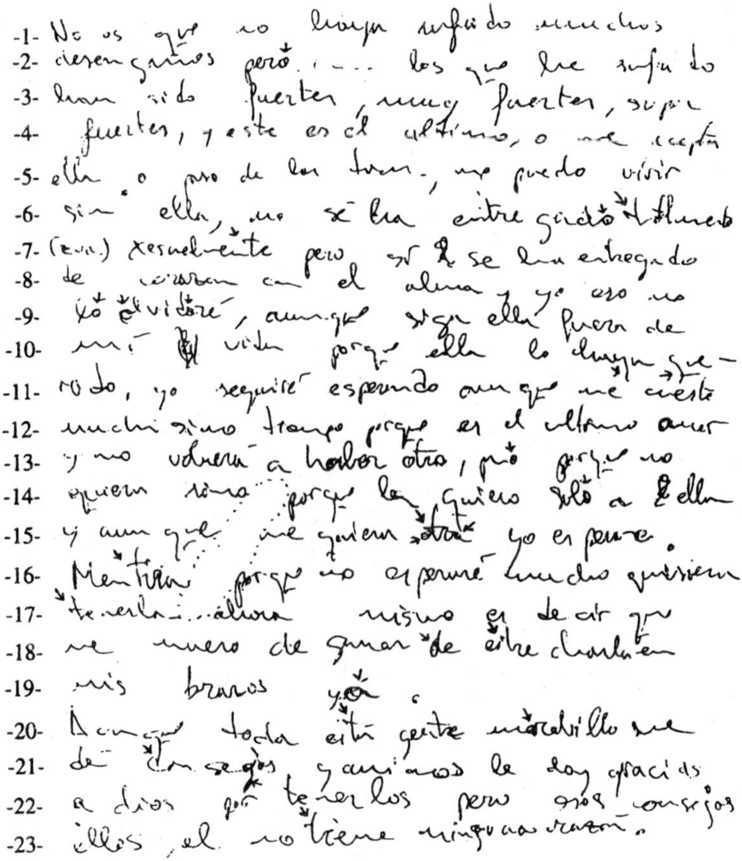

-1- No es que no haya sufrido muchos
-2- desengaños pero... los que he sufrido
-3- han sido fuertes, muy fuertes, super
-4- fuertes, y este es el último, o me acepta
-5- ella o paso de las tonas, no puedo vivir
-6- sin ella, no sé ha entregado totalmente
-7- (real) rotundamente pero yo se ha entregado
-8- de corazón con el alma y yo eso no
-9- lo olvidaré, aunque siga ella fuera de
-10- mi vida porque ella lo haya que-
-11- rido, yo seguiré esperando aunque me cueste
-12- muchísimo tiempo porque es el último amor
-13- y no volverá a haber otro, pero porque no
-14- quiero ninguna porque la quiero sólo a ella
-15- y aunque me quiera otra yo espero.
-16- Mentira porque no esperaré mucho quisiera
-17- tenerla ahora mismo es decir que
-18- me muero de ganas de estar charlando en
-19- mis brazos ya.
-20- Aunque toda esta gente maravillosa me
-21- de consejos y amigos le doy gracias
-22- a dios por tenerlos pero sus consejos
-23- ellos, el no tiene ninguna razón.

- Arpones dirigidos hacia la izquierda por el sentimiento de autoagresión, sobre todo en la rúbrica.
- Firma descendente.
- Texto más legible que la firma.
- Exageraciones en la inicial del nombre como superación del sentimiento de autoculpa.

- Desigualdades de tamaño y de inclinación.
- Ovalos pinchados, como sentimiento de autoculpa.
- Rúbrica que tacha el nombre: sentimiento de inferioridad.
- Ovalos separados del palo: d,g,a,b.
- Firma a la izquierda.
- Tachaduras.
- Puntos al final de la firma.
- Gran separación entre palabras.
- T en forma de guadaña.
- Torsiones.
- Pasillos.
- Líneas descendentes: líneas 1,2,3,6,7,8,9,10.
- Líneas sinuosas: 9, 10, 11, 13, 14, 15, 16, 17, 18, 19, 20, 21, 22, 23.
- Líneas convexas: líneas 4,5.
- Letra pequeña.
- Arpones dirigidos hacia la izquierda - línea 6 en la «t» de totalmente, línea 7 en la «t» de sexualmente, línea 18 en la «t» de estrecharla, línea 20 en la «t» de toda, línea 23 en la «t» de tiene.
- Desigualdades de tamaño y de inclinación: línea 1 en la «es» hay una disminución de tamaño, línea 5 disminución de tamaño en «paso de las», línea 6 disminución de tamaño en la «e» de totalmente, línea 10, disminución de tamaño en la «e» de porque y en la «a» de ella, línea 11, aumento de tamaño en la «r» de ruido y disminución de tamaño en la «e» de cuesta, línea 15 disminución de tamaño en la «a»

de esperaré, línea 19, aumento de tamaño en la «a» de ya, línea 2, desigualdades de inclinación de «los que» línea 3, desigualdades de inclinación en «muy», línea 21 desigualdades de inclinación en «j» de consejos.

- Ovalos pinchados - línea 2 en la «o» de pero, línea 6 en la «o» de otra y en la «o de paro, línea 14 en la «o» de sólo, línea 15 en la «o» y «a» de otra, línea 19 en la «a» de ya.
- Tachaduras: líneas 7,10,14.
- Gran separación entre palabras-líneas: 5, 6, 14, 15, 16, 17, 18, 19, 22.
- Torsiones: línea 10 en «y» de haya y en la «q» de que, línea 16 en la «i» de quisiera, línea 20 en la «q» de aunque y en la «g» de gente, línea 21 en la «j» de consejos.
- Pasillos: líneas 14, 15, 16, 17.

Suicidio

Los rasgos en la escritura son:

- Las líneas descienden.
- Firma descendente.
- Inclinación ambivalente.
- Puntos innecesarios en la firma, sobre todo al final.
- Torsiones en crestas.
- Ovalo pinchado.
- Finales de palabra hacia la izquierda.

- Nombre tachado.
- Tachones.
- Mayúsculas del nombre exageradas.
- Amplia separación entre palabras.
- Inclinación vertical, o muy tumbada hacia la izquierda o hacia la derecha.
- Ovalos separados del palo.
- Letras del texto legibles y letras de la firma ilegibles.
- Signos de protección como la rúbrica envolvente.

Veamos el siguiente caso práctico:

-1-
-2-
-3-
-4-
-5-
-6-

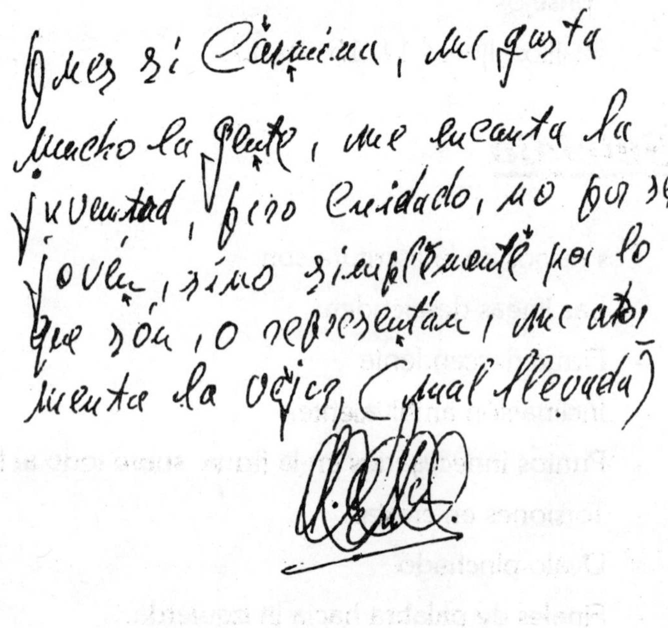

El Stress

Nuestro cuerpo y nuestra mente están preparados para afrontar y resolver los problemas que se nos presentan a lo largo de la vida. Sin embargo, todo tiene su límite. Si continuamente estamos sometidos a situaciones que nos provocan gran tensión o insatisfacción, y no tenemos la contrapartida de descanso y relajación que todo cuerpo y toda mente requieren para un buen funcionamiento, llega un momento en que nuestro organismo es incapaz de reaccionar y afrontar el más mínimo problema, y nos hundimos, cayendo en la inseguridad y la depresión. El stress acumulado durante meses y años, aflora y salen a la superficie todas las insatisfacciones, frustaciones, que hasta entonces manteníamos en lo más profundo del subconsciente.

Cualquier cambio al que debamos adaptarnos representa stress tanto los sucesos positivos como los negativos. Veamos varios ejemplos:

- Positivos: cambiar de casa, ascender en el trabajo suponen un nuevo estatus y nuevas responsabilidades. Incluso enamorarse puede tener el mismo grado de stress que romper una relación.

- Negativos: enfermedad, muerte de un ser querido, sentimiento de soledad, pérdida del trabajo, preocupaciones financieras, etc...

1.- Entorno: ruido, aglomeraciones, las exigencias que representan las relaciones interpersonales, horarios, amenazas a nuestra seguridad y autoestima. Incluso el ruido de los electrodomésticos producen en el ama de casa stress y depresión (hay estudios sobre el tema).

2.- Nuestro cuerpo (fisiología): adolescencia, envejecimiento, enfermedad, trastornos del sueño.

Cada vez que se produce una respuesta de este tipo, o los estímulos amenantes, los centros de regulación, llevan al organismo a enfrentarse o a escapar de la amenaza.

Cambios físicos:

- Las pupilas se agrandan para mejorar la visión, y el oído se agudiza.
- La sangre es bombeada hacia el cerebro, aumenta el oxígeno en las células.
- Las frecuencias cardiacas y respiratorias aumentan.
- Como la sangre se desvía hacia la cabeza; las extremidades, sobre todo las manos y los pies, están fríos y sudorosos.

3.- Nuestros pensamientos: el modo de interpretar nuestras experiencias de ver el futuro, pueden servir tanto para relajarnos como para stresarnos. Pensar en los problemas produce tensión en el organismo, y esto crea una sensación de intranquilidad, que provoca pensamientos todavía más nefastos. La mejor forma para contrarrestar el stress es la relajación, ya que devuelve al organismo a su estado natural de equilibrio. Así las pupilas, oído, la presión de la sangre, los latidos del corazón, la respiración, vuelven a la normalidad, y los músculos se relajan. La respiración normaliza nuestros procesos físicos, mentales y emocionales, los dolores de cabeza y la tensión muscular pueden aliviarse, pero volverán a repetirse si no se eliminan las causas que lo producen el exceso de trabajo, las preocupaciones.

Hay muchas maneras de combatir el stress. A menudo es suficiente un cambio de actitud, o se pueden explorar varios métodos de relajación, meditación, musicoterapia, etc..

RASGOS DEL STRESS EN UN GRAFISMO

1.- Presión excesiva.

2.- Trazos rígidos

3.- Tamaño muy pequeño, en especial es escritura inclinada hacia la izquierda.

4.- Enlace extremo de palabras.

5.- Retoque de muchas letras.

6.- Líneas descendentes.

7.- Muchos subrayados.

8.- Márgen izquierdo estrecho y márgen derecho muy amplio.

9.- Grandes espacios entre palabras pero espacios estrechos entre letras.

10.- Ovalos con dos o más círculos.

11.- Ausencia de letras, palabras inacabadas.

12.- Acusada irregularidad en todo el trazado.

13.- Escritura pastosa, llena de manchas o emborronamientos.

14.- Trazos temblorosos.

15.- Mayúsculas muy grandes.

16.- Firma muy pequeña en relación con la escritura.

17.- Firma envuelta en un círculo.

18.- Letras formadas por más de un trozo, donde normalmente uno es suficiente.

19.- Inclinación excesivamente variable (puede ser inclinada, invertida y vertical en una misma línea).

20.- Velocidad rápida.

Ejemplo:

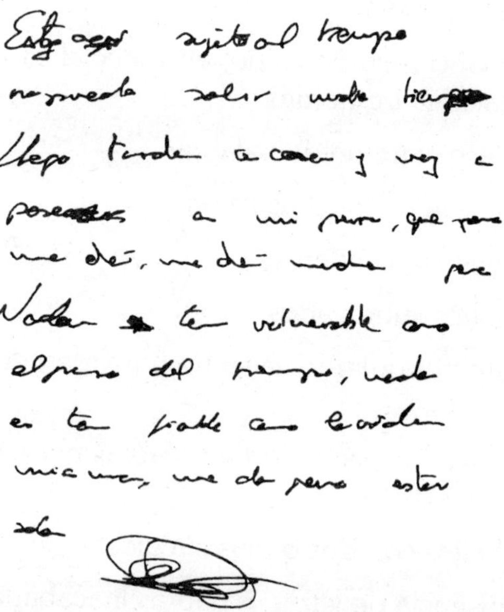

Bibliografía

-Marco Marchesán. «Tratado de Grafopsicología». Victoriano Suárez 1950.

-Augusto Vels. «Diccionario de Grafología". Herder.

-Augusto Vels. «Escritura y personalidad». Herder.

-Mauricio Xandró. «Grafología Superior». Herder.

-Ania Teillard. «Grafología Superior». Paraninfo.

-Raymond Trillat y Vicente Escriche. «Grafología práctica».

-Luc Vyttenhove. «Cómo conocer a una persona por su firma». Deusto.

-Herbert Hertz. «La Grafología". Oikos-Tau

-Crepieux-Jamín. «La escritura y el carácter». Jorro.

-Matilde Ras. «Grafología. Estudio del carácter por la escritura». estudio.

-Matilde Ras. «Lo que sabemos de grafopatología». Gregorio del Toro.

-Barry Branston. «Curso práctico de Grafología» . «Cómo interpretar la personalidad a través de la escritura». Tikal.

-José Javier Simón. «El gran libro de la Grafología». Martínez Roca.

-María Rosa Panadés. «Prontuario de Grafología». Zeus.

Indice

TÍTULOS DE ESTA COLECCIÓN

30,000 nombres para bebés. *Vivi Morales*
Ángeles, demonios y dioses del nuevo milenio. *Duquette*
Ataque a la civilización. *Stephannie J. Clement*
Clonación, ¿el futuro de la humanidad? *Varios*
Diccionario gitano de los sueños. *R. Buckland*
Duendes, aluxes y chaneques. *C. A. Guzmán y Ma. de J. Oropeza*
Duendes... con las crines en la mano. *Cristina Cortés de Herwig*
El continente perdido de Mu. *Col. J. Churchward*
El diccionario máximo de los sueños. *E. Goldberg*
El libro completo de los vampiros. *Nigel Jackson*
El mundo de los anillos. *Lowson, Marshall y O'Brian*
El necronomicón. *H. P. Lovecraft*
El número 13 en la vida de los aztecas. *Ángel Raúl López*
El número 13 en nuestros días. *Ángel Raúl López*
El otro titán: Iván Illich. *Jorge Márquez Muñoz*
El panteón de Belén y otras historias. *Varios*
El peregrinar de los aztecas. *Ángel Raúl López*
El proyecto divino. *Robert Perala/Tony Stubbs*
El sacerdote sin cabeza. Y otras historias reales. *Varios*
El sueño y sus símbolos. *Marie Coupal*
El temible mal de ojo. *M. A. Gómez Pérez*
Esoterismo. *Fortune Dion*
Fantasma de Palacio Nacional y otras historias inéditas. *Varios*
Fantasmas, leyendas y realidades. *Varios*
Fragmentos originales del necronomicón. *Bigliano*
Galería extraterrestre. *C. Guzmán y F. Domínguez*
Historias cortas para contar por la tarde. *Juan Ramírez*
La Atlántida. *J. M. Allen*
La niebla. *Bruce Gernon & Rob MacGregor*
La Santa Muerte. Y otras historias reales. *Varios*
Las más famosas leyendas de la mitología. *R. Fox*
Las pesadillas revelan quiénes seomos. *Christine Benoit*
Las momias hablan. *Varios*
Las profecías de Nostradamus
Las profecías de Nostradamus y diccionario
Las profecías del ¿juicio final? *Varios*
Los hijos de Mu. *Col. James Churchward*
Los símbolos sagrados de Mu. *Col. J. Churchward*
Los sueños. *Morfeo*
Los OVNIs y la aviación mexicana. *Guzmán/Salazar*
Más allá de lo creíble. *Francisco Domínguez*
Moda gótica.. Guía de la cultura dark
Origen y significado de los nombres propios. *Velázquez*
Para leer frente al mar. *Néstor Medina*
Practicando magia. *Draja Mickaharic*
Relatos paranormales. (Historias verdaderas). *Kimberly Molto*
Relatos verdaderos de fantasmas. *Varios*
Resurgimiento de Lucifer. *Gavin Baddeley*
Ritos y mitos de la muerte en México... *Gómez/Delgado*
San Cono: sueños, numerología, oraciones y milagros
Signos, símbolos y presagios. *Raymond Buckland*
Síndrome del contactado. *Varios*
Tiempo de hienas. *Néstor Medina*
Tu escritura, quién y cómo eres. *Carmen Alfonso*

Este libro se terminó de imprimir
en los talleres de Castillo
y Asociados Impresores,
Camelia 4, col. El Manto,
México, D.F.